¿Dos universos diferentes?

Una historia de los orígenes según el Génesis y la ciencia moderna

Emiliano Aguirre Pimienta

Para Sara Elizondo Rodríguez,

אשת חיל

(Prov. 31:10-29)

Índice

Agradecimientos

Quiero dar las gracias a todas las personas que me mostraron su apoyo a la hora de realizar este proyecto: a mi familia y amigos, por su motivación y cariño durante todo el proceso; a quienes me ayudaron en detalles técnicos como Antonio Aguirre, en la revisión del escrito, y Andrea Delgado, en el diseño de la portada. A los grandes pensadores que, mediante su trabajo académico y publicaciones, me alentaron a profundizar en estos temas.

Y, especialmente, a mi madre, Paulina; mi padre, Sergio; y mi hermano, Alejandro.

Introducción

En un día aburrido e indiferente de pandemia, en la primavera del 2020, me encontraba sentado en la silla de mi escritorio. La escuela había pasado a ser virtual, lo que significaba que tomaba las clases desde casa, sin las voces de mis amigos resonando a mi alrededor y las explicaciones de los profesores frente a mí. Era evidente que esta modalidad no era una gran idea, considerando las necesidades sociales y pedagógicas de los estudiantes. Pero no había más por hacer cuando la situación sanitaria había sido declarada oficialmente como pandemia.

Recuerdo que terminó mi clase, fui a comer y después volví a sentarme delante de mi computadora. No parecería ser el día más ocupado. El ambiente vacío y silencioso sirvió de abono para que brotaran en mi cabeza preguntas que no me hacía desde niño.

Alimentado por la espontaneidad de mis pensamientos, decidí buscar una forma interesante de pasar el rato. Una vez recordé aquellas dudas que me ensimismaban hace años, me decanté por indagar en el tema de los orígenes: los misterios del universo y su evolución siempre fueron de mi interés. Sin pensarlo dos veces, concluí que la vía inicial lógica para adentrarme al tema era la ciencia moderna. A lo largo de unos días pasé por libros de divulgación como *Historia del tiem*po o *Los tres primeros minutos del universo;* series clásicas como *Cosmos* de la mano de Carl Sagan y hasta videos entretenidos de internet. Y, aunque logré comprender *cómo* ocurrieron distintos eventos en la historia de la formación del universo por medio de las leyes de la física, dicha información parecía no ser suficiente, al menos para mí. Porque sí, es increíble entender y apreciar cómo se dieron las condiciones físicas para que las primeras estructuras evolucionaran en estrellas y galaxias. Pero es aún más seductor para la mente humana el reflexionar y especular en el *porqué*.

Las implicaciones antropológicas y éticas de la historia de los orígenes también me parecían necesarias, ya que nuestro día a día se basa en lo que presuponemos al respecto. Por lo que decidí comenzar a leer sobre los orígenes desde el área de la religión. Como es evidente, tuve que partir por el conocido libro del Génesis. Bastó con leer los primeros capítulos para engancharme en una vehemente aventura en el ámbito de la filosofía de la religión.

Era impresionante cómo la antigua cultura hebrea narraba los orígenes. Dicha historia no contaba con la bella cosmología del modelo estándar o con una narración mecanicista de la historia. No es lo que pretende. En cambio, desarrolla una densa y profunda cosmogonía que lidia con la verdad y el sentido por medio del mediador entre la realidad terrenal y la divina: el hombre.

La dificultad de entender dichos pasajes y las variadas interpretaciones que se le han dado a lo largo de la historia suscitaron en mí el deseo de leer más acerca de los significados de éste libro. Además, debido a mi pasión por la ciencia, quería saber qué relación guardaban estas dos formas de ver al mundo. Comencé a conocer más acerca de los orígenes desde dos distintos caminos: la ciencia y la fe.

Si bien cada libro canónico de la Biblia tiene su papel dentro de la comprensión total de una única historia, en cuanto que cada uno de ellos aporta de manera distinta a la fe, es solo uno de ellos el que sirve de fundamento para la construcción de la cosmovisión cristiana: el Génesis. Sin él, no habría cimientos sobre los que edificar con los demás mensajes que nos arroja la Escritura. Es en éste donde Dios crea el universo, nuestro planeta y el hombre; donde, siendo polvo, fuimos destinados a ser imagen de Dios en la tierra.

Pero la historia no acaba ahí. Todos esos maravillosos pasajes que tratan con los orígenes no son más que los primeros dos capítulos del libro; no obstante, estos son suficientes para empezar a tratar el tema.

Introducción

Por lo tanto, aunque tocaremos más cuestiones acerca del cristianismo y la ciencia —como la relación de Génesis con el Pentateuco y con el Nuevo Testamento, los pasajes de otros libros canónicos que se relacionan con éste, el tema del pecado original, etc.—, esto solo se hará cuando sea preciso para explicar lo que nos dice Génesis en torno a los orígenes, con el fin de, posteriormente, contrastarlo con los descubrimientos científicos acordes a estos temas y, solo entonces, comentar los paralelismos y las disparidades que encontremos entre estos.

Como mencioné, nos encontramos ante una historia única. Esto se debe no solo a su inesperado y sorprendente contenido, sino también a las controversias que ha generado, a lo largo de la historia, dadas sus polémicas afirmaciones. Daremos un repaso a las críticas que ha recibido y a sus elogios; a lo que tienen que decir sus detractores y sus apologistas.

El libro está dividido en 4 partes. La primera analiza el contexto histórico de Génesis, es decir, las circunstancias culturales en las que fue escrito y las repercusiones que tuvo en este. Pasaremos desde los mitos de la creación antiguos hasta los contemporáneos a su época; estudiando lo que pensaban dichas culturas sobre el origen del universo, el nacimiento y edad de nuestro planeta y la creación del hombre. Todo esto con el fin de entender en qué condiciones fue escrito y por qué hablamos de una obra revolucionaria.

Posteriormente, una vez conociendo el contexto del libro, seremos capaces de sacar conclusiones sobre lo que en realidad dice el texto, analizando sus primeros capítulos poniendo énfasis, insisto, en las cuestiones relacionadas con los orígenes. Se presentarán algunas opiniones de grandes pensadores en la historia del cristianismo para, de este modo, conocer cómo es que el pensamiento judeocristiano entendió estos pasajes en distintos momentos de la historia. Aunado a esto, nos serviremos de investigaciones hechas por académicos del Antiguo Testamento, con el fin de llegar al verdadero significado de este relato de la creación.

¿Dos universos diferentes?

En la segunda parte del libro, desarrollaremos los principales postulados de las teorías científicas relacionadas a los orígenes. De esta forma, será posible conocer si la Escritura menciona cosas que no son compatibles con la ciencia moderna y viceversa. Es decir, sabremos si nos encontramos ante dos historias que solo serían posibles por sí solas en dos universos diferentes, o si se pueden conciliar para coexistir en uno solo, el nuestro. Algunas de las teorías científicas a tratar serán, ciertamente, la del Big Bang y la de la evolución biológica; examinando cada aspecto fundamental de las ideas y lo que estas podrían implicar para nuestra existencia.

En la tercera parte, será momento de comparar las conclusiones sobre la perspectiva judeocristiana de la creación con las mencionadas teorías científicas, de las cuales será preciso hacer un análisis lógico a partir de cada una de ellas, con el fin de apreciar, no solo lo que éstas nos dicen acerca de cómo funciona el universo, sino cómo estas nos ayudan a la hora de responder a las preguntas fundamentales que se ha hecho el hombre.

Asimismo, es pertinente aclarar que no daremos respuesta a cada uno de las aparentes problemas que podría suscitar una apacible lectura del Génesis. En la medida de lo posible, nos enfocaremos en los temas predilectos de los escépticos al intentar refutar este más que interesante libro.

Esta idea surge, más que nada, por la noción personal de que existe una enorme cantidad de personas que batallan con estos problemas al interpretar Génesis y no encuentran respuestas claras. Si hay algo común entre los asuntos que causan polémica, es que fácilmente se llenan de respuestas falaces e intelectualmente deshonestas. Por lo tanto, la última sección contará con 4 apéndices en los que se aclararán malinterpretaciones comúnes sobre el tema.

De igual forma, en el transcurso de los capítulos, se hará mención a notables referencias al hablar de estas cuestiones, con el propósito de hacer posible una mejor comprensión al respecto a los lectores interesados.

En mi experiencia, vivimos en un mundo en el que es muy difícil partir de la imparcialidad, pues, a pesar de vivir en la era de la información, también vivimos en una sociedad a la que le cuesta intentar ser objetivo y, aún más, cuando se trata de temas que involucran a la religión y a la ciencia. Por lo que se pide, en la medida de lo posible, buscar lo más cercano a la imparcialidad al evaluar los argumentos presentados, así como darle una oportunidad a las conclusiones que se presentan a continuación. Esto porque todos tenemos ciertas presuposiciones y concepciones sobre el mundo que, al principio, pueden hacer de esta tarea algo imposible.

Parte I

Génesis: fundamento teológico del cristianismo

Capítulo 1

Contexto histórico

Las ruinas de Chichén Itzá, Yucatán, han sido declaradas Patrimonio de la Humanidad por la UNESCO y suelen ser la atracción turística más visitada en el mundo alrededor del año. No existe alguien que visite estas míticas ruinas y no quede profundamente asombrado. Sin embargo, la primera vez que las visité, mi mente no fue capaz de emocionarse, principalmente porque no fui capaz de entender lo que nos intentaba explicar el guía. Y no era porque fuera muy pequeño, sino porque me era imposible imaginar aquellas cosas que escuchaba. Esta civilización de la antigua Mesoamérica tenía una jerarquía social distinta, extrañas costumbres y tradiciones como ritos religiosos que incluían sacrificios con el motivo de estar en armonía con sus dioses y códices que servían de su fundamento mitológico y científico, cuyo contenido refleja una cosmovisión totalmente opuesta a la que conocía.

Poniéndonos desde su perspectiva nada de lo que hacían nos parecería una locura, pero si se lo dices a alguien que tiene otro trasfondo religioso y ético, se trata de una barbarie. No paraba de pensar en qué haría yo, si fuera un niño en aquella época y ocupara el mismo espacio geográfico que una cultura como esa. Pero estaba cometiendo un grave error. Y es que no puedes juzgar y analizar verdaderamente el comportamiento de una civilización sin antes conocer, al menos ligeramente, su forma de ver al mundo. Yo no tenía en cuenta que ellos tenían otras deidades diferentes a la mía, veían en el hombre a un ser distinto del que yo veo y contaban con historias cosmogónicas contrastantes con las modernas. Cuando volví a visitar

17

las ruinas, ya había aprendido la lección. Tenía que conocer su contexto histórico. Aunque, eso sí, que una sociedad tenga motivos para hacer ciertas cosas, no quiere decir que estas sean buenas o malas.

Si hay una cualidad característica del ser humano es, sin duda, la curiosidad. Es en virtud de ella que, naturalmente, el hombre se hace preguntas. Y esta propiedad humana no se remonta justamente a la revolución científica, pues es inmanente a la naturaleza del hombre. Desde el paleolítico podemos ver el despertar de esa curiosidad, esa virtud por la cual la humanidad ha sido capaz, no sólo de sobrevivir, sino también entender el mundo que nos rodea, preguntarse por qué estamos aquí, de dónde venimos y hacia dónde vamos.

La mayoría de las personas tienen una visión muy reducida sobre la travesía por la que hemos pasado para llegar hasta la actualidad. En un sinnúmero de ocasiones hemos escuchado hablar acerca de la historia *anno Domini* —desde el nacimiento del cristianismo, la edad media, la modernidad y hasta la edad contemporánea—, pero pocas veces nos molestamos por estudiar lo que pensaban los humanos más allá de la edad antigua: en la prehistoria.

Y es que tan antiguas son las religiones como lo es el hombre. Desde que estamos aquí nos hemos hecho preguntas fundamentales que han derivado en extensas y diversas cosmovisiones. A esto debemos, en gran parte, el conocimiento que hemos adquirido, puesto que no hubiese nacido la filosofía ni la ciencia sin antes haber errado al intentar comprender el propósito de la humanidad en la tierra.

Es de radical importancia comprender el espacio de tiempo en el que un texto surgió, ya que, de otra forma, no entenderíamos nada al leerlo. Me atrevería a decir que tiene igual importancia que la lectura del mismo, pues leer un texto sin contexto a veces suele resultar, incluso, perjudicial. El arte de situarse en la mente del lector contemporáneo al texto nos permite ver el mundo tal como él lo hacía, con sus presuposiciones filosóficas.

Contexto histórico

Tal como lo expresa Enrique Dussel, filósofo argentino, en su estudio sobre el mundo prefilosófico, sin la ciencia de la hermenéutica, los errores mortales de interpretación están a la vuelta de la esquina:

(...) para comprender la verdad absoluta e intemporal de un lenguaje es necesario situarse en su tiempo, y es allí, solo allí, en *su* tiempo, donde el lenguaje temporal recobra su valor de verdad absoluta, para todos los tiempos. (...) La hermenéutica, entonces, diciendo lo mismo de otro modo, es la ciencia que permite situarse correctamente en un "presente-pasado"; es la ciencia de la reconstitución de la "perspectiva presente de un pasado", para discernir, desde esa perspectiva, un contenido que deberá verterse diferentemente en el "presente-actual".[1]

La mayoría de las historias sobre la creación que nos dejaron las culturas antiguas contaban con que, antes de la formación del hombre y la creación del planeta tal y como lo conocemos, los animales y las plantas, ya existía algún tipo de materia. Es decir, nos hablan de dioses parecidos a humanoides que incluso podían tener hijos; y estos dioses en algún momento decidieron crear el planeta a partir de algún tipo de elemento preexistente. A su vez, en algunos mitos estos dioses no son humanoides, sino personificaciones de objetos que desconocían y les eran llamativos como el Sol, la Luna y las estrellas; incluso representaban tanto fenómenos como las mismas leyes de la naturaleza, a las que el paganismo le atribuye la cualidad de divino, mientras la tradición judeocristiana lo hace a un Dios que está por encima de tales leyes, negando que sean absolutas.

Además, era común para los antiguos la idea de un universo eterno, en el que en algún momento se creó el planeta. Esta idea fue compartida también por civilizaciones relativamente más cercanas a

---

[1] Enrique Dussel, *El humanismo helénico - El humanismo semita* (Buenos aires: Docencia, 2012), 18.

la nuestra como la griega.[2] Incluso el consenso científico, hasta pasando mediados del siglo XX, era que vivíamos en un universo eterno.

Cuando el hombre comienza a imaginarse la idea del vacío o, aún peor, «la nada», surgen problemas.

Como dije, las respuestas a las inquietudes sobre los orígenes han variado en cada civilización que ha poblado la tierra pero, si en algo han coincidido, al menos la mayoría, es en pasar por alto la necesidad de cuestionar dichas respuestas, pues han tenido certeza de estar en lo correcto. Y no solo eso, sino que sus respuestas no tardaron en convertirse en creencias que representaban a una cultura específica.

Cuando los antiguos creían haber descubierto o simplemente le daban sentido a cómo había surgido el ser humano, no dudaban en contarles a sus hijos, y estos a sus propios hijos, y así sucesivamente. Previo a la invención de la escritura, la tradición oral tenía la hegemonía de las creencias. Fue en esa época cuando los mitos de la creación tuvieron su auge.

Como dije antes, las civilizaciones de la antigua Mesopotamia, por ejemplo, al tratar los orígenes, nunca hablaron de la creación del universo a partir de la nada, sino que, presuponiendo la existencia de seres divinos, elaboraron mitos sobre la creación de seres humanos, animales y plantas.[3] Al igual que la mayoría de las culturas en la antigüedad, estos creían que el universo era creado a partir de algo eterno, y le daban características similares a los dioses y al hombre. Por el contrario, en la Biblia hebrea podemos leer que el universo tuvo un inicio, y su creador es un único Dios; es decir, creían en un ser capaz de crear el universo, sostenerlo y además con una naturaleza

---

[2] A excepción, claro, de Platón, que en su *Timeo* desarrolla un tipo de creación a partir de materia.
[3] Véase Traducción por Stephanie Dalley, *Myths from Mesopotamia: Creation, The Flood, Gilgamesh, and Others*, (Oxford University Press, USA, 2009).

distinta a cualquier otro ser.[4] A esto le llamamos monoteísmo. A diferencia de otras culturas politeístas, este Dios actúa de forma distinta a los hombres, y no tiene un aspecto físico que se asemeje a estos, sino que hace al hombre «a imagen y semejanza suya». Una de las mejores maneras de apreciar esta diversidad cultural es viajando. Cuando viajamos, salimos de nuestra zona de confort, lo que propicia una extraña sensación conocida como «choque cultural». Un gran ejemplo histórico de este fenómeno fue la colonización europea de América, uno de los hechos más destacados de la historia, en el que los colonizadores se encontraron con pueblos politeístas y los imperios indígenas conocieron un concepto de Dios completamente diferente al que tenían.

Imagina que estás en Mesoamérica durante el siglo XVI. Específicamente, imagina que formas parte del Imperio azteca ubicado principalmente en Tenochtitlán. Además del clima templado, la lluvia abundante y las famosas chinampas, seguramente estás acostumbrado al politeísmo. Para ti no es extraño celebrar un sacrificio humano por temor a que *Tonatiuh* —el dios del Sol— se oculte en algún lugar del cielo, lo que provocaría un desastre; y tampoco olvidas ofrecerle la cabeza de un niño a *Tláloc* —el dios de la lluvia— para asegurar el crecimiento de tus cultivos. Estos ritos son naturales para ti. Ahora imagina que, de pronto, un escuadrón de seres desconocidos se aproxima a tu ciudad. Al desconocer la situación, instintivamente creas una explicación que tenga sentido para ti y que esté fundada en tus creencias previas y en tu concepción del cosmos. En este caso, al mirar a hombres montados en un animal desconocido, con hermosa vestimenta, armaduras, y piel clara, recuerdas una leyenda mexica en la que se habla del regreso de

---

[4] El entendimiento de la creación a partir de «nada» no fue 100 % igual en todos los primeros cristianos. Pero sí tenían en común esta diferencia sustancial con las otras culturas. Véase, Natalia Soledad Strok, *La recepción del concepto de creatio ex nihilo eriugeniano en las historias de la filosofía de Brucker, Tennemann y Rixner*, Universidad de Buenos Aires – Conicet.

Quetzalcóatl. Acto seguido, los relacionas con dioses, cuando se trataba de simples hombres.

Pero no podemos culpar a estas culturas, por el contrario, debemos entender que lo que sucedió —la identificación de dioses con los colonizadores españoles— era de esperarse. Es decir, si analizamos las acciones de los colonizadores españoles, vamos a encontrar que sus actos no fueron muy distintos. Si tu imperio se rige por el cristianismo, y al arribar a otro te encuentras con una civilización politeísta, lo primero que vendrá a tu mente será la evangelización. Probablemente vas a omitir algunas acciones como conocer un poco más su cultura, entender en qué se basan para sostener esas creencias y hasta las diferencias que hay entre sus religiones y la tuya. Y no estoy diciendo que la evangelización haya sido mala, sino que era de esperarse. Y, de hecho, el verdadero choque cultural entre estas cosmovisiones se dio justamente con el proceso de la evangelización, ya que antes habían tenido momentos pacíficos.

Hay que recordar que una cultura radica en sus creencias. Si tomamos a una gran civilización, y le quitamos sus creencias, nos estamos llevando parte de su identidad, su misma identidad, que es el sentido de su existencia y su propósito. ¿Qué es del ser humano sin saber de dónde viene, dónde se encuentra y hacia dónde va?

I. Creencias del antiguo cercano oriente acerca del origen del universo

Repito, para remontarnos a la época de Génesis, es necesario, antes, estudiar culturas previas a la hebrea; de otra forma, no entenderíamos nada. Conocer el contexto histórico nos permite leer la obra hebrea con los ojos de alguien contemporáneo a ella, y no como un hombre posmoderno que ve el mundo de una forma completamente diferente, que cuenta con distintas presuposiciones filosóficas y creencias sobre el mundo. De hecho, la mayor parte de los «problemas» que tienen las personas para entender Génesis se debe a esto. No podemos entender un libro tan antiguo y originalmente escrito en un idioma tan distinto al nuestro, sin antes estudiar un poco sus antecedentes.

Los sumerios

Al hablar de ellos, no hablamos más que de la civilización más antigua de todas. Pero esto no quiere decir que esta civilización de la antigua Mesopotamia estuviera compuesta por los primeros humanos que existieron, sino que los sumerios fueron pioneros en distintos asuntos relacionados a la cultura; por ejemplo, en la escritura, que es lo que nos interesa.[5] Si hablamos de mitos sobre la creación, necesariamente debemos comenzar por los sumerios, ya que éstos tuvieron una gran influencia en las creencias del antiguo cercano oriente.

Las primeras formas de escritura se desarrollaron en lo que se conoce como «escritura cuneiforme» (del latín *cuneus* —cuña— y -forme —forma—), que era sobre tablillas de arcilla, y los materiales con los que se realizaba variaron con los años.[6] Es en algunas de dichas tablillas que encontramos los restos de la *Epopeya de Gilgamesh*, la cual se podría considerar la obra épica más antigua. Como cualquier mito arcaico, esta historia comenzó a contarse cientos de años antes de ser escrita, y se transmitía por medio de la tradición oral. Probablemente comenzó a narrarse desde hace más de

---

[5] Veáse Samuel N. Kramer, *The Sumerians: Their History, Culture, and Character* (Chicago: University of Chicago Press, 1971); junto con Harriet Crawford, *Sumer and the Sumerians*, (Cambridge University Press, 2004).
[6] Véase Marc Van De Mieroop, *Cuneiform Texts and the Writing of History*, (Routledge, 1999).

4500 años.[7] Además, es en ésta donde encontramos fragmentos que tratan los orígenes.

En dicha narración podemos leer una historia más parecida a los mitos griegos que, por ejemplo, a los de la tradición judeocristiana. Esto es porque no vemos a un solo dios creando el universo, nada de eso. Más bien, se trata de una historia naturalmente politeísta en la que los dioses guardan una gran relación con los humanos. Además, éstos se relacionaban con las fuerzas de la naturaleza, algo diametralmente opuesto al cristianismo. Samuel N. Kramer escribió un comentario *ad hoc* sobre el comportamiento de los dioses sumerios:

Los dioses sumerios, como se ilustra gráficamente en los mitos sumerios, eran enteramente antropomórficos... Como el hombre, planean y actúan, comen y beben, se casan y crían familias, sostienen grandes hogares y son adictos a las pasiones y debilidades humanas.[8]

Lo que nos recuerda a la frase del poco conocido filósofo presocrático, Jenófanes de Colofón, sobre los dioses politeístas:

Chatos, negros: así ven los etíopes a sus dioses. De ojos azules y rubios: así ven a sus dioses los tracios. Pero si los bueyes y los caballos y leones tuvieran manos, manos como las personas, para dibujar, para pintar, para crear una obra de arte, entonces los caballos pintarían a los dioses semejantes a los caballos, los bueyes semejantes a bueyes, y a partir de sus figuras crearían las formas de los cuerpos divinos según su propia imagen: cada uno según la suya.[9]

---

[7] Traducción por Gloria Casanueva y Hernán Soto, *La epopeya de Gilgamesh*, (LOM Ediciones, 2007), 7.
[8] Samuel N. Kramer, *The Sumerians: Their History, Culture, and Character*, (Chicago: University of Chicago Press, 1963), 117.
[9] Jenófanes de Colofón, DK (21 B 16)

Pero, como sabemos, este rasgo es muy particular en las culturas politeístas, así que no debería sorprendernos. Es en las culturas monoteístas que esto cambia un poco, pues en éstas Dios es espiritual y diferente a los humanos.

Por ejemplo, un mito que comienza con las aguas primordiales. En dicho mito las aguas eran lo único que existía y cuya personificación era la diosa *Nammu*, que en la mitología babilónica es *Tiamat*. A partir dichas aguas aparece una montaña, o una sección de tierra, la cual personificada era la diosa terrenal llamada *Ki*, y la cima era el cielo representado con *An*, el dios de los cielos, quienes se aparearon para que naciera un nuevo elemento personificado en forma del dios de las tormentas llamado *Enlil*, el dios supremo del panteón sumerio. Él separó a *An* de *Ki*. Después se organizó el universo y se creó lo vivo como el hombre, las plantas y los animales.

Es importante, a su vez, conocer no solo la cosmogonía sumeria, sino también su cosmología, ya que, evidentemente, éstas guardan relación.

Los sumerios creían que «la tierra era un disco plano coronado por un vasto espacio hueco, completamente encerrado por una superficie sólida en forma de bóveda».[10] Se decía que debajo de la tierra había un océano llamado Absu, del que provenía toda el agua. Arriba de la tierra (*Ki*) estaba el cielo (*An*) y, abajo de todo, el inframundo (*Kur*).

Los babilonios

Para la mayoría de nosotros que conocemos cuando menos un poco de las tres grandes religiones monoteístas, Babilonia nos podría sonar

---

[10] Samuel N. Kramer, *The Sumerians, Their History, Culture, and Character*, *113*.

a una civilización «perdida», porque ¿quién no ha escuchado la historia de la Torre de Babel?

Los babilonios fueron un gran imperio antiguo localizado, de igual forma, en la antigua civilización originaria conocida como Mesopotamia. La ciudad homónima se fundó aproximadamente en el año 2300 a. C. cerca del río Éufrates. Actualmente sus ruinas se encuentran en Irak.

Esta región es conocida por haber fundado las bases del desarrollo de artes como la literatura, escritura y de ciencias como la matemática. Pero, como hemos mencionado, también son populares por su mitología. Como cualquier cultura, la babilónica tenía su propia cosmovisión basada en sus creencias acerca del universo, del planeta y del hombre. En un poema llamado *Enûma Elish*, escrito en tablillas de arcilla, datado hacia el año 1200 a. C., dicha cultura narra los orígenes a forma de poema. Este poema, además, logra captar prácticamente todas las creencias fundamentales de los babilonios y los asirios. Por lo que, si buscamos hacer una comparación entre distintos mitos de la creación, el *Enûma Elish* (en acadio: «cuando en lo alto») no puede quedar atrás.

El poema cuenta la historia del dios *Marduk*, que luchó contra la diosa primordial del mar llamada Tiamat, que era un dragón cósmico. *Marduk* corta a éste por la mitad, y con una parte hace la tierra y con la otra el cielo.[11]

En la cuarta tablilla del *Enûma Elish*, dice textualmente:

TABLILLA IV

… [*Marduk*] La separó, como a un molusco, en dos partes;

---

[11] Traducción por Wayne Horowitz, *Mesopotamian Cosmic Geography*, Mesopotamian Civilizations 8 (Winona Lake: Eisenbrauns, 1998), 112.

la mitad de ella colocó en lo alto y la desplegó como firmamento,

lo señaló mediante barreras y apostó guardias.

Les encomendó que no permitiesen escapar a sus aguas.[12]

Por lo tanto, podemos ver que, del mismo modo que el mito sumerio, el *Enûma Elish* presupone la existencia de la materia. Los antiguos, al menos en su mayoría, nunca pensaron en el posible origen material de las cosas. Todo lo contrario. Los antiguos babilonios y asirios, como cualquier otra cultura antigua, buscaron respuestas a las preguntas fundamentales que se plantearon. Las respuestas que obtuvieron no fueron precisamente idénticas a, por ejemplo, las que obtuvieron los sumerios, pero sí guardan muchas similitudes entre ellas.

Es relevante al propósito de este texto conocer la visión cosmológica de los antiguos pueblos de mesopotamia, pero si hay algo aún más fundamental que esto es conocer su concepción sobre el hombre. Algunos creen que somos un cerebro, otros que un alma, otros que ambas. Averigüemos cuáles fueron las principales posturas en la época antigua. A veces olvidamos que no todos piensan como nosotros, seres humanos del siglo XXI, y esto nos puede provocar confusión al intentar comprender el mundo antiguo.

II. Antropología antigua

Cultura griega

---

[12] Traducción por Wayne Horowitz, *Mesopotamian Cosmic Geography*, Mesopotamian Civilizations 8, 112.

¿Dos universos diferentes?

Cuando pensamos en la filosofía griega, sin duda pensamos en los tres grandes filósofos atenienses. En el diálogo de Platón llamado *Fedón* encontramos a Sócrates que, justo antes de morir, expone a sus amigos ciertos argumentos defendiendo la inmortalidad del alma. En las primeras páginas podemos leer:

—Déjalo —dijo—. Ahora ya quiero daros a vosotros, mis jueces, la razón de por qué me resulta lógico que un hombre que de verdad ha dedicado su vida a la filosofía en trance de morir tenga valor y esté bien esperanzado de [64a] que allá va a obtener los mayores bienes, una vez que muera. Cómo pues, es esto así, Simmias y Cebes, yo intentaré explicároslo.[13]

Durante este diálogo, Sócrates presenta a sus amigos distintos motivos por los que hay que estar tranquilos ante la muerte. Pero la importancia de esto radica en que, implícitamente, nos muestra la idea que se tenía del hombre. Pues, según Sócrates, la muerte no era más que la separación del alma y el cuerpo. *El alma es inmortal, mientras que el cuerpo es corruptible.* Además de que la racionalidad del hombre se le atribuía al alma. Se plantea la analogía del prisionero (alma) en su celda (cuerpo). Dicha idea del hombre fue compartida por su discípulo Platón. Eso, con el paso de los años, derivaría en el neoplatonismo, por ejemplo. Llevando esto al extremo se concebió la idea del cuerpo como malo y únicamente lo espiritual como bueno. Si reflexionamos un poco sobre distintas culturas seguramente encontramos paralelismos con este pensamiento.

Ante esto, ahora podemos evitar sorprendernos de que los griegos, al presenciar la muerte de un ser querido, no se preocupaban por la situación del cuerpo. Ellos quemaban los cuerpos y los olvidaban. Esto porque la ética de una cultura se basa, naturalmente, en su

---

[13] Platón, *Fedón*, 63e-64a. Es recomendable leer el Fedón completo para entender la idea del alma en Platón.

antropología. Lo moral depende de la realidad del hombre. Si ellos creían que su ser querido partía, y ya no estaba más en el cuerpo sino en el alma, ¿por qué preocuparse por ese cuerpo? Solo eran coherentes con sus creencias previas. Para ellos, el hombre era un alma racional, moral e inmortal.

Pueblos semitas

Si alguien pensaba distinto a los griegos, ciertamente, era el mundo semita, tanto los hebreos como los árabes. Según la tradición bíblica, los semitas son los descendientes de Sem. Estos pueblos localizados en el medio oriente no sólo comparten un origen —ya sea ancestral o lingüístico—, sino que comparten ciertas creencias acerca del hombre. Específicamente, mantienen una antropología bastante consistente y contrastante con la griega.

1. Los egipcios, por ejemplo, en lugar de atribuirle el conocimiento y la emoción a un alma inmortal, las atribuían al corazón; mientras los griegos creían que el hombre estaba en el *alma*, los egipcios creían que estaba en la *carne*; los griegos se olvidaban del cuerpo al enfrentar la muerte, cuando los egipcios embalsamaban el cadáver para velarlos, venerarlos y mantenerlos incorruptibles. Al igual que como lo manifestó el cristianismo siglos más tarde, el egipcio antiguo no decía tener un alma inmortal y prisionera del cuerpo, como los griegos, sino que, apoyándose en el mito de Osiris, esperaban su resurrección.

2. De igual forma, prácticamente todos los semitas sostenían esto, pero cada cultura con pequeñas diferencias a las otras. Por ejemplo, recordemos el relato babilónico *Enûma Elish*. Según estudiosos de las culturas semitas, en éste se le da importancia a la carne, tal como lo hacían los egipcios:

¿Dos universos diferentes?

«Su "carne" (shére) se identifica con sus "entrañas" (amut), sede de todas las emociones, pero absolutamente mortal. La muerte libera la sombra (etímmu), el espectro (utúkku) de los viviente».[14]

Aquí tampoco nos encontramos con un alma racional en la que se resalta su inmortalidad, como en los griegos. Un gran número de pueblos semitas consideraban que la vida misma estaba en la carne y en la sangre; es por eso que solían recurrir a enterrar a sus muertos, rechazando acciones como la incineración.

Conclusión

Al comparar los mitos antiguos de la creación y de culturas relativas a la judía, no solo observamos que son diferentes *per se*, sino que, en el caso del Génesis, nos encontramos ante una historia que además cuenta con otras narraciones con las que se relaciona, como los demás libros del Pentateuco, el resto del Antiguo Testamento y los posibles paralelismos que tenga con el Nuevo Testamento. Es decir, la tradición judía, o bien, judeocristiana, no solo trata con los orígenes en una pequeña narración antigua, como lo podría ser el Génesis o cualquier mito de la creación de su época, pues esta cosmovisión hace afirmaciones sobre esto a lo largo de todos los libros canónicos de la Biblia. Claro, eso aunado a que sí encontramos diferencias *per se* de cierto grado entre el libro del Génesis y los demás, pero de eso van los siguientes capítulos.

---

[14] Citado en Enrique Dussel, *El humanismo helénico - El humanismo semita* (Buenos aires: Docencia, 2012), 193.

Capítulo 2

El origen del cosmos

Todas las cosas fueron hechas por medio de Él, y sin Él nada de lo que ha sido hecho, fue hecho.

—San Juan 1:3

Si en algo ha sido consecuente la tradición cristiana es en la doctrina de la *creatio ex nihilo*, o creación del universo por parte de Dios desde la nada. El cristianismo le dijo «no» a Grecia, que defendió la eternidad del mundo o, cuando menos, una creación a partir de una materia eterna. La traducción más habitual del primer versículo de la Biblia afirma «En el principio creó Dios los cielos y la tierra» (Génesis 1:1).

Desde los padres de la Iglesia se defendía esta posición aunque, claramente, variaba la forma en que lo expresaba cada teólogo. Por ejemplo, los más grandes y conocidos teólogos occidentales, así lo hacían. Primero, San Agustín, quien dijo que Dios creó todas las cosas de la nada «a fin de que, como es razonable, no fuesen iguales ni al que las hizo ni a su Hijo, por quien fueron creadas».[15] Por su parte, Santo Tomás enfatiza que «de» en «de la nada», no alude a una causa material, sino a un orden:

Cuando decimos que por la creación alguna cosa ha sido hecha de la nada, esta preposición «de» no designa ninguna causa material, sino que señala solamente un orden, como cuando se dice: de la mañana nace el mediodía, lo cual significa que tras la mañana llega el mediodía.[16]

---

[15] San Agustín, *De Genesi contra Manichaeos*, II, p. 4.
[16] Santo Tomás de Aquino, *Summa Theologiae*, I, q. 45, a.1.

¿Dos universos diferentes?

Esta idea se mantuvo vigente, debido a que no se concibió la idea de otra posible traducción desde los manuscritos originales en hebreo. Uno de los apologistas cristianos más populares del momento, William Lane Craig, se ha basado en la *creatio ex nihilo* para desarrollar su argumento a favor de la existencia de Dios más conocido: el argumento cosmológico Kalam. En él, Craig parte del principio de causalidad y el Big Bang, para argumentar que Dios es la única causa razonable del universo.

A pesar de que esto no parece tan revolucionario a priori, cuenta con grandes implicaciones al compararlo con las creencias de los pueblos coetáneos al hebreo, pues la idea de una creación del universo desde la nada, sin alguna materia preexistente, no había sido concebida por la mayor parte de las culturas antiguas. Por lo tanto, podemos decir que la creación desde la nada es una idea original creada y defendida por el cristianismo.

Como vimos anteriormente, las creencias del antiguo oriente medio —y de prácticamente cualquier civilización antigua— coinciden en varios aspectos al narrar sus mitos de la creación. Por ejemplo, no se habla de la creación del cosmos como tal o como lo podríamos ver desde una cosmología moderna y el Big Bang, sino que estos coinciden en que los dioses crean el planeta partiendo de materia preexistente, contando ya con un universo (*creatio ex materia*).

Pero antes de analizar los versículos de Génesis que hablan sobre esta cuestión, es pertinente discutir otra posible traducción del hebreo que ha emergido al terreno académico en los últimos años.

Algunos teólogos y hebraístas argumentan que Génesis 1:1 no se debería traducir de la manera tradicional:

1 En el principio creó Dios los cielos y la tierra. 2 Y la tierra estaba sin orden y vacía, y las tinieblas cubrían la superficie del abismo, y el Espíritu de Dios

El origen del cosmos

se movía sobre la superficie de las aguas. **3** Entonces dijo Dios: Sea la luz. Y hubo luz. (Génesis 1:1-3).

Ya que, según ellos, el primer versículo del Génesis alude a una creación a partir de materia preexistente, y no desde la nada —como la tradición cristiana lo ha interpretado siempre—. Para llegar a dicha conclusión se han basado en el contexto histórico de Génesis y en los manuscritos en el hebreo original y, afirman, una traducción más exacta sería parecida a la siguiente:

1 Cuando Dios comenzó a crear los cielos y la tierra —la tierra estaba sin forma y vacía, con tinieblas sobre la superficie del abismo y un viento de Dios se movía sobre el agua— Dios dijo: "Hágase la luz"; y hubo luz.

Nótese que, en este caso, la primera oración («**1** Cuando Dios comenzó a crear los cielos y la tierra...») ya no tiene sentido *per se*, es decir, se vuelve una «cláusula dependiente» que necesita de otra oración para ser entendida. Todo lo contrario al primer caso («**1** En el principio creó Dios los cielos y la tierra.») porque, como podemos ver, esta se trata de una idea completa que se entiende perfectamente *per se*, pues se vuelve una «cláusula independiente» que no necesita de otra idea para entender lo que intenta decirnos el autor.

Si seguimos leyendo, concretamente, si leemos la información dentro de los guiones largos, podríamos llegar a la conclusión de que esta nueva traducción presupone la existencia de la materia desde Génesis 1:1, ya que habla de que existía la tierra y estaba «sin forma y vacía» cuando Dios comenzó con la creación, esto es, cuando le dio una nueva función. Y, claro, se opone completamente a la interpretación original, a la conclusión de que el universo se creó «de la nada».

Ante esto algunos teólogos cristianos han replicado señalando que la misma Biblia habla de la *creatio ex nihilo* en otros pasajes de la Escritura. Por ejemplo, Juan 1:3 dice «**3** Todas las cosas fueron hechas por medio de Él, y sin Él nada de lo que ha sido hecho, fue hecho». Apocalipsis 4:11 dice «porque tú creaste todas las cosas, y por tu voluntad existen y fueron creadas». En la carta a los Hebreos, que en el capítulo 11 versículo 3 dice «**3** Por la fe entendemos que el universo fue preparado por la palabra de Dios, de modo que lo que se ve no fue hecho de cosas visibles». Finalmente, es importante añadir que la doctrina de la creación desde la nada no solo implica creación material, sino también espiritual (Colosenses 1:16-17). Estos teólogos también argumentan que la Biblia se tiene que interpretar a sí misma, y que, por ende, esta traducción (la clásica) es la más plausible.

Pero, a pesar de que la mayoría de los cristianos creen que la traducción tradicional es la correcta, incluso si tomáramos la otra podríamos afirmar que Dios creó el universo de la nada. Pues, como vimos, en otros versículos —sobre todo en el Nuevo Testamento— se dice que Dios es el creador de todos las cosas. De hecho, algunos académicos sostienen que lo correcto sería decir que Génesis 1:1 no habla de la creación desde la nada, porque no era el propósito de este pasaje, pero que la cosmovisión cristiana puede estar tranquila con el dogma de *creatio ex nihilo*, ya que lo podemos ver en otras partes de la Escritura. En otras palabras, el primer versículo de Génesis podría aludir al orden que dio Dios sobre el caos, mientras que en otras partes de la Biblia podemos ver claramente el dogma de la creación desde «el vacío» o «la nada». Entonces, no estaríamos ante dos posturas contradictorias, sino ante dos distintos versículos que tienen distintos propósitos y significados teológicos, pero que al final se complementan. Aún así, grandes teólogos de la actualidad —y la mayoría de los cristianos— aceptan la interpretación tradicional, por lo que no estamos obligados a aceptar una u otra. Aunque es recomendable escuchar lo que tiene que decir cada una de las posturas, y evaluar sus respectivos argumentos.

El origen del cosmos

I. Uso teológico de la Biblia y el origen del universo

Ahora sí: ¿Qué nos dice la Escritura sobre esto? Más específicamente, ¿qué nos dicen todos los versículos de Génesis que conciernen el tema del origen del universo? Si nos quedamos solamente con el primer versículo, podría parecer suficiente; pero para juzgar y sacar conclusiones sobre los orígenes y lo que nos dice este libro, necesitamos analizar el resto de la historia.

Un poco después podemos leer que, como acabo de mencionar, además del universo, Dios creó lo que habita en él; se menciona que Dios hizo la luna, el sol, y las estrellas; por lo que éstas no podrían existir ni subsistir sin Él:

14 Entonces dijo Dios: Haya lumbreras en la expansión de los cielos para separar el día de la noche, y sean para señales y para estaciones y para días y *para* años; **15** y sean por luminarias en la expansión de los cielos para alumbrar sobre la tierra. Y fue así. **16** E hizo Dios las dos grandes lumbreras, la lumbrera mayor para dominio del día y la lumbrera menor para dominio de la noche (Génesis 1:14-16).

Además, se añade «*hizo* también las estrellas (Génesis 1:16)». Éstas se leen en el día posterior al crecimiento de la vegetación en la tierra, no como una explicación científica, sino porque todo el relato de la creación (y la Biblia en general) se basa en el patrón o simbolismo de la oposición entre la tierra (realidad, hechos) y el cielo (ideas) con el hombre como mediador (recordemos que el hombre está hecho de polvo, pero también del aliento de vida). Dios creó todo, dando orden y propósito a las cosas. Según el Génesis, nada existiría si no fuera por Su libre decisión; todo lo que crea tiene sentido y es bueno:

¿Dos universos diferentes?

17 Y Dios las puso en la expansión de los cielos para alumbrar sobre la tierra, 18 y para dominar en el día y en la noche, y para separar la luz de las tinieblas. Y vio Dios que *era* bueno. [19] Y fue la tarde y fue la mañana: el cuarto día.

La Biblia afirma que Dios estableció tales perfectas condiciones porque tenían el propósito de que en ellas habitaran animales; esta es la función de los primeros tres días de creación. Pero dejaremos la relación entre los distintos días para el siguiente capítulo.

Claramente desde los orígenes podemos ver la función teológica de la Biblia, que además de narrar el origen del universo, hace esto reflejando la providencia y soberanía de Dios y sus propósitos perfectos. Dios creó el mar y los cielos para que se llenaran «las aguas de multitudes de seres vivientes, y vuelen las aves sobre la tierra en la abierta expansión de los cielos (Génesis 1:20)». Primero los peces, como representación de la creación que habita en lo más bajo (razón por la que Jesús se ilustra como pescador, tirando su red al mar que representa al caos) y después las aves porque son los animales más cercanos al cielo. El autor de Génesis no intenta decir que en el proceso de la evolución biológica primero surgieron los peces e inmediatamente después las aves. Simplemente es un patrón.

El Libro de Génesis, además de narrar sucesos como cualquier historia de los orígenes, lo hace presentando indirectamente las características de Dios y sus propósitos para su creación —«Sed fecundos y multiplicaos, y llenad las aguas en los mares, y multiplíquense las aves en la tierra (Génesis 1:28)»—. Este espíritu (Dios) logra que suceda lo que Él quiere y todo pasa porque Él así lo ordena. Cuando la Biblia dice «**24** Entonces dijo Dios: Produzca la tierra seres vivientes según su género: ganados, reptiles y bestias de la tierra según su género (Génesis 1:24)» no hace más que reflejar esto. Pudo haber sido de otra forma pero Él lo quiso así. Lo que me recuerda a lo que escribió Santo Tomás de Aquino sobre la creación y la diversificación de las especies:

Por lo tanto, hay que decir: La diversificación y la multitud de las cosas proviene de la intención del primer agente, que es Dios. Pues produjo las cosas en su ser por su bondad, que comunicó a las criaturas, y para representarla en ellas. Y como quiera que esta bondad no podía ser representada correctamente por una sola criatura, produjo muchas y diversas a fin de que lo que faltaba a cada una para representar la bondad divina fuera suplido por las otras. Pues la bondad que en Dios se da de forma total y uniforme, en las criaturas se da de forma múltiple y dividida. Por lo tanto, el que más perfectamente participa de la bondad divina y la representa, es todo el universo más que cualquier otra criatura. Y porque la causa de la diversificación de las cosas se debe a la sabiduría divina, Moisés dice que las cosas han sido hechas distintas en la Palabra de Dios, que es la concepción de la sabiduría. Esto es lo que se dice en Gen 1,3-4: *Dijo Dios: Hágase la luz*. Y separó la luz de las tiniebla.[17]

Tampoco podemos olvidarnos del hombre al hablar de los orígenes. La creación del hombre en éste libro representa lo que es Génesis y su propósito. Gracias a esto podemos saber que no se trata de un libro con meramente uso histórico o, si así se desea y si se simpatiza con el concordismo, científico; sino un libro con propósito teológico. Génesis no podría ser el fundamento ni los cimientos sobre los cuales se construye el cristianismo si no fuera por su teología.

Al pedirle Dios a Adán que nombre a los animales, Adán está sirviendo de mediador entre el cielo (ideas) y la tierra. Cuando se dice «Y dijo Dios: Hagamos al hombre a nuestra imagen, conforme a nuestra semejanza (Génesis 1:26)», podemos ver que el hombre se trata de una creación especial. Si Génesis se tratara simplemente de un relato histórico, no tendría dichas implicaciones antropológicas y

---

[17] Santo Tomás de Aquino, *Summa Theologiae*, I, q. 47, a. 1.

teológicas. Después, en el capítulo relacionado con el hombre, intentaremos deducir el significado de éste versículo (Génesis 1:26). Esto es vital para la segunda parte de este libro, ya que nos hace entender el propósito del Génesis. Esta gran historia no fue escrita como un libro de ciencia, ni tampoco rigurosamente con propósito histórico. Este libro sirve para la fundamentación de la cosmovisión cristiana, en la que el hombre es un pecador con la necesidad de volver a Dios. Esto podría parecer obvio, pero a veces lo olvidamos o simplemente lo damos por sentado.

Si hablamos del uso teológico de Génesis, no podemos olvidarnos de la teología presente en el resto de la historia, tanto del Antiguo Testamento como del Nuevo Testamento. También es importante recalcar que la tradición cristiana cree en dogmas de fe literales que son fundamentales para su cosmovisión (v. g., la resurrección de Jesús, etc.) pero que, a lo largo del texto bíblico, también existen mensajes en forma de parábolas, alegorías o simples metáforas.

Por ejemplo, recuerdo haber escuchado y leído a John Lennox, profesor emérito de matemática en la Universidad de Oxford y apologista cristiano, decir que en Juan 10:9 cuando Jesús dice «Yo soy la puerta» no se refería a que es literalmente una puerta de madera, pues es una metáfora, por lo que el significado que sí es literal —que sólo a través de Él hay salvación— se expresa por medio de otro concepto (puerta).[18] Lo sé, en este momento parece obvio, pero es importante tenerlo en cuenta.

Es por eso que al leer acerca de los orígenes en las Sagradas Escrituras debemos tener mucho cuidado. A mi juicio, la mayor parte de los errores al interpretar libros antiguos y de una cultura tan distante a la de nosotros, es, precisamente, leerlos como si se tratara de un libro promedio de nuestra época. En otras palabras, si leemos

---

[18] Véase John Lennox, *El principio según el Génesis y la ciencia: Siete días que dividieron el mundo*, (Clie, 2018).

el Génesis con los ojos de un hombre moderno, seguramente lleguemos a conclusiones bastante extrañas. Pero voy más allá: además de evitar leer el Génesis como si fuera un libro de nuestra época, también debemos entender su propósito. Si no sabemos cuál es la función de esta obra en la Escritura, no lograremos entender su mensaje.

Resumiendo: sin importar si Génesis 1:1 contiene una cláusula dependiente o no, en el resto de la historia podemos comprobar que la cosmovisión cristiana sostiene el dogma de *creatio ex nihilo*; y, aunque no contáramos con los textos del Nuevo Testamento, podríamos llegar a esta conclusión o, en su defecto, decir que Dios estableció el orden sobre el caos. Pero sin importar lo anteriormente mencionado, si basamos nuestras creencias en el libro de Génesis, inexorablemente, tendríamos que creer en que Dios creó el universo que nos rodea. Dicha creencia, desde un inicio, nos llevaría a contrastar con el ateísmo naturalista, por ejemplo.

Es, a su vez, fundamental entender lo que ya se dijo anteriormente: que el autor de Génesis no es material y es eterno, por lo que ya existía antes de la materia o el origen del universo. Kenneth A. Mathews, en su comentario sobre los primeros once capítulos de Génesis, dice «El Creador trasciende su creación física. No es equivalente al mundo material y sus procesos ni subordinado a ellos».[19] Como era de imaginarse, esto se menciona en un sinnúmero de veces a lo largo del Antiguo Testamento e incluso en diversos pasajes del Nuevo Testamento, como Juan 4:24 «Dios es espíritu...».

---

[19] Kenneth A. Mathews, *Genesis 1-11:26 - An Exegetical and Theological Exposition of Holy Scripture (The New American Commentary)*, (B&H Publishing Group, 1996), 60.

II. Origen del universo: Génesis vs otros relatos de la creación

Seguramente, en la medida que lees acerca de las características de Dios en la cosmovisión judeocristiana, haces contrastes entre las declaraciones de otros relatos en los que se habla de lo sobrenatural, de personajes como dioses y de los orígenes. Es evidente que algún asunto van a tener en común, pero creo que claramente podemos señalar un gran número de diferencias. Kenneth A. Mathews también dice en su comentario que:

(...) el Génesis bíblico muestra un rechazo a las ideas paganas. Considerada como una "polémica", la descripción bíblica de los eventos antiguos adquiere un significado notablemente diferente. En lugar de tomar prestado o historizar el mito antiguo, es más justo decir que el Génesis se acerca más al repudio de las ideas paganas sobre los orígenes, la humanidad, la civilización y el diluvio.[20]

Porque no es solo que la divinidad sea completamente diferente —que lo es—, sino que, además, la creación muestra ciertas diferencias que son cruciales a la hora de realizar la comparación. Un ser supremo que es espiritual crea el universo. El universo se crea con un propósito. El origen del universo se convierte en la principal diferencia sustancial del Génesis con los distintos relatos sobre la creación antiguos.

Conclusión

Desde los primeros versículos del Génesis podemos divisar una sustancial diferencia al compararlo con relatos de la creación de su

---

[20] Kenneth A. Mathews, *Genesis 1-11:26 - An Exegetical and Theological Exposition of Holy Scripture*, 89.

El origen del cosmos

época: el universo fue creado por un único Dios, que además es completamente diferente a su creación. Recordemos que los mitos de la antigüedad hablaban de diversas deidades en los cielos, en el mar e incluso las relacionaban con las estrellas. Mientras el desconocimiento de dichos pueblos mesopotámicos hacia objetos como el sol, la luna o los «monstruos del mar» les generaba una gran impresión, los hebreos, por medio de su relato que describe una jerarquía ontológica, decían que Dios solo era uno y que éste era el creador del sol y la luna (Génesis 1:14) y de los montruos del mar (Génesis 1:21). Es decir, nos encontramos ante una cosmovisión que rechaza la relación entre fenómenos de la naturaleza y dioses; más bien, en ésta Dios es soberano sobre su creación y no hay otros como Él. Ésta es la única cosmovisión que permite el desarrollo de la ciencia, pues presupone que la naturaleza se puede conocer y esto es precisamente porque no se trata de dioses, sino de la creación del único Dios. Ya no hay un dios de la lluvia; la lluvia es sierva de Dios. Ya no hay un dios del sol, puesto que Dios lo creó (es por esto que prácticamente todos los científicos que participaron en la revolución científica eran cristianos).

Otra característica fundamental al contrastar el pensamiento hebreo de otras cosmovisiones es «la palabra de Dios». Ellos creían en la autoridad de ésta y la superioridad que tenía ante la creación («y dijo Dios»). Es por eso de la importancia de los profetas, quienes escuchaban a Dios. Dios es superior a todas las cosas porque las crea, las nombra y las sostiene con su palabra.

Sin importar nuestras presuposiciones metafísicas, prácticamente todos llegamos a lo mismo al leer Génesis: Dios es el autor. El universo tal y como lo conocemos tuvo un origen. El Génesis sostiene la creación desde la nada por un ser supremo espiritual, porque no está hecho de partes ni materia, y es omnipotente y personal, porque creó el universo.

Capítulo 3

Edad de nuestro planeta

Las conclusiones acerca del origen del universo en Génesis parecen ser bastante claras, cuando menos para la mayoría de sus lectores. Esto se refleja en las pocas (o nulas) controversias que dicho asunto ha causado a lo largo de la historia. Pero sabemos que Génesis es una historia polémica; ha sido motivo de disputas intelectuales desde que emergió al terreno de relatos sobre la creación; pero no solo por sus posibles diferencias con otros relatos religiosos y su peculiaridad al compararlo con estos, sino también por las supuestas discrepancias con la ciencia moderna.

Y es que una simple lectura de sus primeros capítulos podría llevarnos a pensar que Dios creó el universo en seis días, reposando el último. Pero otra postura igualmente —o incluso más— defendida argumenta que no podemos hacer una lectura tan ingenua del libro, ignorando el idioma original y su antiguo contexto histórico.

Antes de ver lo que nos dice la escritura y analizar lo que podría implicar basándonos en su idioma original, veamos cuáles son las dos posturas más populares al respecto.

La primera es la que proponen los fundamentalistas cristianos o «creacionistas de la tierra joven». Ellos argumentan que la Biblia dice claramente que Dios creó el universo en 6 días, reposando el último. Y que cualquier otra interpretación que se le dé a la Escritura va en contra de su inerrancia e infalibilidad. Ken Ham, probablemente el creacionista de la tierra joven más famoso en el mundo y presidente de *Answers in Genesis*, suele decir que cuando un cristiano cree que la tierra es vieja o tiene esa interpretación es porque prefiere escuchar a hombres falibles (científicos) y no a Dios. Prácticamente niega la posibilidad de que, desde el texto, podamos llegar a la conclusión de que la tierra es vieja o, por lo menos, de que la Biblia no habla sobre su edad.[21]

Por otro lado, el filósofo y teólogo William Lane Craig, defensor de una tierra vieja, cree que el libro de Génesis no habla sobre la edad de la tierra debido a que no es un libro de ciencia y que, si bien cada quién puede pensar lo que quiera al respecto, es mejor dejarle esa tarea a la ciencia moderna que sí tiene ese propósito. Incluso sugiere que la Biblia nunca afirma que Dios creó el universo en 6 días de 24 horas pues, según sus palabras, «el día séptimo claramente no es un día de 24 horas, porque seguimos en el día 7, el día del descanso de Dios o Sabbat».[22]Pero veamos detenidamente qué tienen que decir los apologistas de cada teoría.

I. Tierra joven: la Biblia como un libro meramente histórico

Los creacionistas de la tierra joven suelen decir que sostienen esta postura «porque es lo que dice la Biblia.» Según ellos, al hacer una cuenta desde Génesis 1 hasta la actualidad, obtenemos que la tierra (y el universo en general) tiene aproximadamente unos 6.000 años. Y a pesar de lo que podríamos pensar, esta teoría no se remonta al nacimiento del cristianismo, ya que es algo relativamente reciente.

---

[21] Véase Joshua Swamidass [Peaceful Science], *Ken Ham's Accusation Against William Lane Craig* [Video], *Youtube*: https://www.youtube.com/watch?v=yQXh6h_ciRw.
[22] William L. Craig [drcraigvideos], *On the Age of the Universe* [Video], *Youtube*: https://www.youtube.com/watch?v=Y5gVXOR7hFo.

Edad de nuestro planeta

Esta creencia la hizo popular entre los cristianos George McCready Price apenas en el siglo XX,[23] y no fue popularizada nunca al nivel que lo vemos hoy con apologistas como Ken Ham y *Answers in Genesis* en general. Pero intentemos llegar a esta conclusión desde la Biblia.

Si bien, al entrar en el debate sobre la edad de la tierra partiendo del Génesis, presuponemos que lo que dice la Biblia es verdad, como vimos en los capítulos anteriores es inevitable dar una leída al texto sin, en algún momento, encontrarnos ante el uso del lenguaje figurado. Un ejemplo claro de esto en la historia sobre los orígenes es cuando Dios establece la familia. Génesis 2:24 dice «**24** Por tanto el hombre dejará a su padre y a su madre y se unirá a su mujer, y serán una sola carne». Si tomamos este versículo «literalmente», podríamos llegar a creer que hace referencia a fusionarnos de alguna forma para estar unidos físicamente, pero, notoriamente, el texto hace alusión a la unión sexual, a la procreación; por lo que se trata de una metáfora.

Así que podemos deducir que desde Génesis el texto nos narra relatos históricos, pero también nos dice verdades teológicas y nos advierte del propósito y destino del hombre. En otras palabras, no es solo un libro de historia en el que podamos encontrar una evidente línea temporal sin interrupciones. Nada de eso. Y la única forma de llegar a la conclusión de que el Génesis describe una tierra joven sería esa. Pero sabemos lo que es la Biblia. Insisto, la Escritura no fue hecha con el único propósito de narrar acontecimientos sobre el hombre, mucho menos sobre la edad de la tierra.

Aunado a esto, tenemos que entender cuál era la calidad en cuanto a conocimientos cosmológicos de los antiguos judíos, pues éstos no poseían doctorados en astrofísica ni cosmología. Si Génesis es un libro fundamentalmente teológico, ¿por qué esperar ver descripciones

---

[23] Véase George M. Price, *Illogical* Geology, (The Modern Heretic Company, 1906); junto con *Q. E. D., or New Light on the Doctrine of Creation*, (Fleming H. Revell Company, 1917).

científicas del universo? Aunque es verdad que si la Biblia enseña como dogma de fe algo contrario a la ciencia, podríamos discutir su veracidad; pero si no lo hace, ¿por qué le demandamos enseñarnos algo a lo que podemos llegar desde la razón? El cristianismo enseña que sólo a través de Jesús podemos llegar a Dios, es decir, no podemos llegar a Dios y mucho menos a la salvación puramente con el uso de la razón. Es por eso que Dios tuvo que revelarse a los hombres. Pero en cuestiones científicas, podríamos argumentar que Dios es capaz de crear seres racionales que lleguen a resolver preguntas sobre cómo suceden ciertos fenómenos naturales. De hecho, ya los padres de la Iglesia hablaban sobre «el libro de la naturaleza»; ellos creían que la naturaleza podía ser comprendida por el hombre simplemente por el hecho de haber sido creada por un Dios racional.[24] Sumemos a esto que la convergencia que argumentaba Santo Tomas de Aquino debía tener la razón y la fe, pues las verdades no se contradicen. Y, aún más, podemos irnos a la revolución científica. Isaac Newton se sirvió de sus creencias en la grandeza e inteligencia de Dios para creer que el universo era algo racional, esto es, algo capaz de entender por medio de la experimentación.[25]

Pero, entonces, si Génesis no habla de ciencia, ¿por qué su autor insiste en repetir los 6 días de la creación, el Sabbat y el número 7 en un sinnúmero de ocasiones a lo largo del relato de los orígenes?

---

[24] Algunos Padres como San Gregorio de Nisa, San Efrén de Siria y en gran manera San Agustín, mencionan, de un modo u otro, la idea de un *librum naturae*, que hace alusión a la revelación de Dios, no solo en un libro (la Biblia), sino también en la naturaleza, y que, por tanto, podemos estudiar para llegar al conocimiento de Dios.
[25] Véase Andrew Janiak, *Newton as philosopher*, (Cambridge University Press, 2008).

II. Génesis no es un libro de ciencia: el universo como templo de Dios

Los judíos/cristianos defensores de una tierra de miles de millones de años argumentan que los sucesos que narra Génesis 1 no son cronológicos, y que, más bien, cuentan con relaciones entre sí que representan significados teológicos importantes para los antiguos judíos. Pero veamos qué dice el texto.

En el primer capítulo de Génesis leemos que Dios crea un conjunto de cosas en cada día y les da distintos propósitos, y que además menciona al último de cada día «y fue la tarde y fue la mañana: el día primero, segundo, tercero, …)». Pero varios académicos han notado que, al relacionar estos días, podemos ver un claro patrón.

En el primer día, Dios crea la luz; en el cuarto, las lumbreras. En el segundo día, Dios crea los cielos y los mares; en el quinto, los animales de los cielos y de los mares. En el tercer día, Dios crea la tierra; en el sexto, los animales de la tierra (incluido el hombre).

Es como si los antiguos hebreos estuvieran preocupados por crear un patrón en el relato de la creación. A su vez, de manera un tanto forzada añaden el día 7, o del Sabbat. Entonces, tenemos algo así:

Dios crea y ordena	Dios llena y da propósito
Día 1 (la luz)	Día 4 (lumbreras)
Día 2 (cielos y mares)	Día 5 (animales de los cielos y de los mares)
Día 3 (lo seco —tierra—)	Día 6 (plantas y animales de la tierra)

Día 7, Sabbat

¿Dos universos diferentes?

¿Por qué la preocupación de conservar estos patrones en los que Dios crea algo y posteriormente lo que lo habita en él, si pudo haber sido de otra forma? La respuesta parece obvia: significados teológicos. No tiene función cronológica.

Si investigamos un poco sobre el significado de esto y lo ponemos en perspectiva de la cultura judía antigua, obtenemos respuestas.

Según académicos del Antiguo Testamento, los 7 días de creación hacen referencia a que el universo es el templo de Dios; es decir, tienen un significado teológico y no científico —como creen los creacionistas de tierra joven, concluyendo que el universo fue creado en 6 días y tiene apenas 6 mil años—.

Para hacer esta polémica afirmación, ellos se basan en la misma Escritura, principalmente en tres cosas: la gran cantidad de patrones que hay con el número 7 en el Génesis y a lo largo del Antiguo Testamento, la alusión al número 7 en sucesos relacionados con el tabernáculo en el pentateuco y la relación, también del número 7, con la construcción del templo de Salomón.

Ben Stanhope, maestro en cultura manuscrita por la Universidad de Hamburgo, hizo un gran trabajo al recopilar estos patrones en su obra acerca de las malinterpretaciones de Génesis.[26] Algunos de ellos son:

-El Tabernáculo fue construido por Moisés en 7 etapas de comandos divinos (Éxodo 40 versículos 19, 21, 23, 25, 27, 29, y 32).
-Los sacerdotes del Tabernáculo fueron ordenados en un proceso de 7 días según Levítico 8:33-35.

---

[26] Ben Stanhope, (Mis)interpreting Genesis: How the Creation Museum Misunderstands the Ancient Near Eastern Context of the Bible, (Louisville, KY, Scarab Press, 2020), 150-151.

-Se dice que Dios santificó a la creación; Éxodo 40:9 dice que Moisés santificó el tabernáculo. Y la presencia de Dios estaba en el jardín del Edén así como lo estaba en el Tabernáculo.

-La creación del templo de Salomón tomó 7 años (1 Reyes 6:38).

Estos son solo algunos de los paralelos que los académicos del AT han encontrado. De hecho, la idea de Dios creando el universo como su templo, podríamos decir, es consenso por parte de los expertos en el texto.

Por lo tanto, podemos concluir que este libro de los orígenes parece estar muy concentrado en temas teológicos, mas no científicos. Además de que parece indicar que el universo es el templo de Dios.

III. Yom, una palabra controversial

Otro argumento muy popular por parte de los defensores de una tierra vieja es el que se basa en la palabra hebrea "día" que se usa durante las narraciones de Génesis. Yom, o en el original יום, argumentan ellos, puede significar «día, día hebreo que transcurre de una tarde a otra (Génesis 1:5), día de trabajo (Éxodo 20:9), o un día del mes (Zacarías 1:7), un tiempo indeterminado (Proverbios 23:17), o una época de la historia (Deuteronomio 32:7)».[27] Por lo que, según ellos, no tenemos razones para entenderlo como un día de 24 horas. Y, entonces, esto significaría que el autor de Génesis no tiene intención de hablar sobre la edad del universo, sino sobre las implicaciones teológicas que tiene la creación del universo por parte de Dios.

---

[27] Leticia Calzada (Ed.), *RVR 1960 Biblia de Estudio Holman*, (Nashville, Tennessee: Holman Bible Publishers, 2014), 7.

¿Dos universos diferentes?

La única respuesta que tienen los creacionistas de tierra joven ante esto es citar a Éxodo 20:11, ya que, aseguran, confirma su tesis:

11 Porque en seis días hizo el Señor los cielos y la tierra, el mar y todo lo que en ellos hay, y reposó en el séptimo día; por tanto, el Señor bendijo el día de reposo y lo santificó.

¿Qué tiene que responder un apologista de la tierra vieja ante esto? Bueno, sencillo: exactamente lo mismo. Podría usar el argumento del universo como templo de Dios, ya que en éste se defiende que, aunque, efectivamente, sean 7 días, éstos hacen alusión a que el universo es templo de Dios. Así como los patrones en los que Dios establece orden para después crear algo que habite dicho orden; o bien, podrían recurrir al significado plural que tiene la palabra yom (יום). Recordemos que «día», en el relato de la creación, tiene diversos significados posibles, y no solo el de un día de 24 horas.

Finalmente, del lado de los defensores de una tierra vieja, me gustaría añadir que existe una gran cantidad de formas en las que podemos comprobar que la Biblia no habla de una tierra vieja, pero que, por propósitos de este texto, no se les dedicará un apartado de gran extensión. Por ejemplo: el significado de la edad de los patriarcas, la posibilidad de la muerte antes del pecado original, el relato de la creación como una jerarquía ontológica y, el más contundente en mi opinión, será tocado de cierta manera en el siguiente capítulo que habla sobre el hombre en el relato de Génesis.

IV. Los primeros capítulos de Génesis no son cronológicos

Repito, hay diferentes formas de demostrar que Génesis no es una cronología de la creación. No es solo un libro puramente histórico, sino que tiene mensajes teológicos que son expresados de distintas formas a lo largo del texto.

El problema del Sol

Algunos teólogos han señalado que, si los relatos de la creación son cronológicos, ¿por qué el sol fue creado hasta el día 4 cuando desde el día 1 se nos habla de «días»y «noches» (Génesis 1:14)? Claro, si no aceptamos una interpretación cronológica tomando a Génesis como un libro de ciencia, no tenemos este problema, ya que esto no representaría más que un patrón que hace referencia a la perfección y a que el universo es templo de Dios.

Los dos relatos de la creación

Si has leído al menos unos cuantos capítulos de Génesis, seguro habrás notado que hay dos relatos sobre la creación. El primero empieza con el primer versículo de la Biblia («En el principio creó Dios los cielos y la tierra» —Génesis 1:1—) y termina a inicios del capítulo 2 diciendo:

2 Así fueron acabados los cielos y la tierra y todas sus huestes. 2 Y en el séptimo día completó Dios la obra que había hecho, y reposó en el día séptimo de toda la obra que había hecho. 3 Y bendijo Dios el séptimo día y lo santificó, porque en él reposó de toda la obra que Él había creado y hecho.

Pero en el siguiente versículo, al comenzar el siguiente relato de la creación, se menciona algo muy extraño:

4 Estos son los orígenes de los cielos y de la tierra cuando fueron creados, el día en que el Señor Dios hizo la tierra y los cielos. 5 Y aún no había ningún

arbusto del campo en la tierra, ni había aún brotado ninguna planta del campo... **7** Entonces el Señor Dios formó al hombre del polvo de la tierra, y sopló en su nariz el aliento de vida; y fue el hombre un ser viviente.

Parecería que se habla de que se creó al hombre antes que a los árboles, pero en el primer relato de la creación se menciona un orden inverso (Génesis 1:11; Génesis 1:26). Pero, insisto, esto se debe simplemente a que los días de la creación no son una cronología perfecta, eso no les interesaba a los hebreos antiguos.

Opinión de los Padres de la Iglesia

Regresando al tema cronológico, el polémico teólogo, Orígenes, defendió en distintas partes de su obra la ausencia de cronología en Génesis. Un ejemplo es el que ya había mencionado, sobre la creación del sol posterior a la mención de días. En, *Sobre los principios*, Orígenes mencionó lo siguiente:

¿Quién, que tenga entendimiento, supondrá que el primer día, el segundo y el tercero existieron sin sol, sin luna y sin estrellas, y que el primer día también estuvo, por así decirlo, sin cielo? (…) No creo que nadie dude que estas cosas indican figurativamente ciertos misterios, siendo que la historia sucedió de forma simbólica, no literalmente.[28]

Pero no fue solo en el tema cronológico donde los Padres de la Iglesia no están en armonía con los relativamente nuevos creacionistas de la tierra joven. No es solo en la edad específica del planeta, sino en el hecho de que la Biblia no es un libro de ciencia y no debería dar esas respuestas. Clemente de Alejandría decía que la expresión en Génesis «"cuando fueron creados" implica una generación indefinida y sin

---

[28] Orígenes, *Sobre los principios*, S. III.

fecha»[29]; Justino Mártir relacionaba el Salmo 90:4 con la historia de la creación, haciendo referencia a que Génesis no usa las expresiones de «día» necesariamente como días de 24 horas;[30] e Ireneo de Lyon, al responder a gnósticos que creían en los días de Génesis como de 24 horas, en su obra *Contra los herejes*, aludió a un pasaje paralelo pero en 2 Pedro 3:8, «Porque, si "un día del Señor es como mil años"».[31]

Los Padres no son la verdad absoluta, pero sí nos muestran que el creacionismo de la tierra joven es una novedad en la Iglesia. Porque, si bien tenían una estimación bastante errada sobre la edad de la tierra y el universo, nunca interpretaron dichos pasajes «literalmente», sino que los relacionaron con otros pasajes de la Escritura con el fin de entender su significado.

Conclusión

Ante todo esto, parece evidente que la opción más plausible es la que alude a Génesis como un libro, sí, con historia dentro de él pero, principalmente, como teología. Es decir, el propósito de Génesis no es dar clases sobre cosmología, astrofísica o geología, sino servir como cimiento teológico del cristianismo. Por lo tanto, es razonable creer que este magnífico libro no muestra interés en responder cuestiones sobre la edad del universo, sino en quién lo creó y el porqué. Por ende, la creación del universo como templo de Dios es la tesis favorita de los académicos del Antiguo Testamento.

Evidentemente, si alguien prefiere mantener su creencia de que Génesis es un texto que sirve también como una historia cronológica

---

[29] Clemente de Alejandría, *Stromata*, S. III
[30] Justino Mártir, *Diálogo contra Trifón*, S. II.
[31] San Ireneo de Lyon, *Contra los herejes*, Libro 5.28.3

necesaria de conocer para los creyentes, es su decisión. Pero hemos visto que no es una opción fiel al propósito de la Escritura. Creer eso sería añadir a la revelación.

La revelación especial nos muestra un relato de la creación cosmocéntrico (Génesis 1) y otro antropocéntrico (Génesis 2), cada uno con distintas cronologías y dos propósitos convergentes. Mensajes con una misma sustancia: el propósito de mostrarnos quiénes somos y quién nos creó. No se trata de relatos mecanicistas, sino fenomenológicos.

Por lo que la única opción que es posiblemente fiel a la Biblia es la que conoce qué es la Biblia. De lo contrario, estaríamos haciendo algo tan absurdo como tomar un libro de cosmología, leerlo y posteriormente preguntarnos la razón por la que dicho libro no menciona por qué se creó el universo, con qué motivos, cuál es el propósito de todo esto, etc. Esas preguntas no las puede resolver el método científico.

Capítulo 4

El hombre

Porque la suerte de los hijos de los hombres y la suerte de los animales es la misma: como muere el uno así muere el otro. Todos tienen un mismo aliento de vida; el hombre no tiene ventaja sobre los animales, porque todo es vanidad.

—Eclesiastés 3:19

Siempre he estado enamorado de los perros, y creo que se debe en gran parte a lo que son capaces de hacer, ya sea por nosotros —como defendernos de un extraño— o a ciertas habilidades potenciales que pueden llegar a desarrollar —como realizar trucos en el parque—. Cualquier persona que haya adoptado uno sabrá de lo que hablo. Los perros son esos animales que, no solo son capaces de obedecernos, sino hasta de saber cuando alguien se acerca a la casa o incluso si alguien está teniendo un mal día. De hecho, como todos hemos escuchado, se dice que el perro es el mejor amigo del hombre. Pero, teniendo en cuenta esto, ¿cómo es posible que un animal tan diferente al hombre sea capaz de tener una relación con éste? ¿Qué nos diferencia de animales como el perro, que son capaces de aprender una enorme cantidad de trucos, rutinas y palabras? ¿Por qué destaca el hombre de entre todos los animales? Y no, estas preguntas no tienen el motivo de aprender sobre animales como el perro, sino de preguntarnos qué es lo que hace que el hombre tenga esta posición de dominio en el reino animal.

No sería una locura decir que la pregunta que más se ha hecho así mismo el ser humano es «¿quién es el hombre?» ¿Qué es? ¿De dónde viene? ¿Cuál es su propósito? Dependiendo la disciplina que utilicemos al intentar responder esta pregunta, podremos llegar a diferentes opiniones no precisamente contradictorias, sino complementarias.

Durante este capítulo intentaremos conocer la antropología hebrea. En otras palabras, nos adentraremos en la percepción que tenían del hombre los antiguos simpatizantes del Génesis.

Cada cultura que ha poblado la tierra ha respondido a tales preguntas (¿Qué es el hombre? ¿De dónde venimos? ¿A dónde vamos?); algunas coinciden en ciertos aspectos, pero en otros difieren.

Veamos qué dice el texto hebreo.

Somos carne y sangre

Algo que no mucha gente tiene en cuenta al hablar del hombre desde la perspectiva bíblica es, sin duda, que somos materia. No somos solo un alma como en el pensamiento helénico. Eclesiastés 3:20 dice «Todos han salido del polvo y todos vuelven al polvo». O, específicamente, Génesis 3:20 que dice «pues polvo eres, y al polvo volverás». La Biblia nunca niega que estamos hechos de materia.

Pero, al pensar en la antropología bíblica, tampoco nos podemos olvidar que leímos en el relato de la creación de Génesis 1 que Dios creó al hombre «a nuestra imagen, conforme a nuestra semejanza (Génesis 1:26)». ¿Qué significa esto?

El hombre

I. Imago Dei

¿Parecido físico?

Lo primero que podría venir a nuestra mente es que la doctrina teológica del Imago Dei —en latín, la imagen de Dios— significa una semejanza física del hombre con Dios, pero no podríamos estar más equivocados. Para los antiguos simpatizantes del Pentateuco —los primeros cinco libros de la Biblia—, era muy importante evitar hacer imágenes de «lo que hay en el cielo», esto es, de Dios. Éxodo 20:4 dice «No te harás ídolo, ni semejanza alguna de lo que está arriba en el cielo, ni abajo en la tierra, ni en las aguas debajo de la tierra». Creían que no podías reducir a Dios a algo físico en la creación. Además de que la Biblia afirma un sinnúmero de veces que Dios es espíritu.

Desconocer estas bases del pensamiento bíblico ha llevado a ateos, por ejemplo, a burlarse diciendo que Dios tiene partes del cuerpo como nosotros, como si se tratara de un simple humano; o a decir que Dios necesita un creador, ignorando la misma definición de Dios como un espíritu y un ser subsistente. Dios, para el pensamiento judeocristiano, no es un humanoide. Y cabe recalcar que los cristianos, a pesar de que creen en la encarnación de la segunda persona de la Trinidad (Jesucristo), no defienden que este versículo haga referencia a un parecido físico.

La visión de la naturaleza ontológica

La opinión tradicional —y la más popular— de entre los teólogos es la visión del Imago Dei de «las cualidades». Uno de sus defensores más conocidos, el teólogo y filósofo William Lane Craig, argumenta «[Imago Dei significa] una semejanza con Dios en que, como Dios, somos personas. Es decir, somos individuos racionales, conscientes de nosotros mismos y libres, capaces de tomar decisiones moralmente significativas».[32] Ésta es, además, la postura de la Iglesia católica; podemos leer en el Catecismo que "«**357** Por haber sido hecho a imagen de Dios, el ser humano tiene la dignidad de *persona*; no es solamente algo, sino alguien».[33] En otras palabras, para los defensores de esta visión, la imagen de Dios en el hombre significa que la humanidad fue creada con ciertas cualidades características de Dios, como la racionalidad, la creatividad y la moralidad (capacidad para distinguir entre el bien y el mal). Fuimos creados distinto a los demás animales. Según ellos, el Imago Dei es una afirmación ontológica. Esto, a su vez, lo relacionan con un alma inmortal, por lo que se trata de una antropología naturalmente dualista.

Nadie puede negar que somos diferentes a los demás animales. El pensamiento del teólogo anteriormente mencionado y de la Iglesia católica, no podrían ser más acertados. Incluso las dos partes, aunque distintas ya que William Lane Craig es protestante, coinciden en varios aspectos, como en que ven a la teoría de la evolución como un problema inexistente para el cristianismo. Para estas dos posturas, Adán y Eva bien podrían ser los primeros seres humanos en cuanto a tratarse de los primeros homínidos con alma racional. Pero, ¿es el Imago Dei solo una referencia a nuestra naturaleza, o es, también, algo más?

Algunos académicos del Antiguo Testamento han señalado sus inquietudes ante esta visión, señalando que, si el Imago Dei solo hiciera referencia a cualidades como la racionalidad o la creatividad

[32] William L. Craig [drcraigvideos], *Human Ancestors and the Imago Dei*, Youtube: https://www.youtube.com/watch?v=RBEHPWPR3Eo.
[33] Catecismo de la Iglesia Católica, Primera parte, Segunda sección, Capítulo primero, Párrafo 6, I, 357: *https://www.vatican.va/archive/catechism_sp/p1s2c1p6_sp.html.*

en el hombre, ¿por qué existen animales que muestran tener estas características? A pesar de que sí hay diferencias bastante importantes con respecto a la capacidad cognitiva, ha habido extensos estudios científicos afirmando que hay animales con ciertos niveles de racionalidad y creatividad.[34] Asimismo, la Biblia menciona que solo los seres humanos cuentan con esta condición de representar a Dios en la tierra; pero ¿por qué, entonces, los ángeles son racionales, muestran creatividad y son agentes morales?[35] Si ser imagen de Dios solo hiciera referencia a dichas cualidades, el hombre, al no ser el único en contar con ellas, no podría destacarse como el único ser que es hecho a Su «imagen y semejanza». Si gracias a la ciencia hemos descubierto que los demás animales también muestran destellos de racionalidad y creatividad, así como los ángeles en la Biblia, podemos descartar que se trate únicamente de una diferencia ontológica. Pero, entonces, ¿qué significa el Imago Dei?

La vocación del hombre

Otra opción es la propuesta por académicos como el hebraísta John Walton o el filósofo Joshua Moritz, conocida como la visión de «la vocación». Ellos defienden que el Imago Dei no solo tiene que ver con nuestra naturaleza, sino también con nuestro propósito. Puesto

---

[34] Un ejemplo es el trabajo del Dr. Alexander H. Taylor, de la Universidad de Auckland, en el que se ha visto que los cuervos son capaces de resolver problemas y realizar tareas que ni los monos ni niños pequeños pueden hacer. Véase AH Taylor, GR Hunt, JC Holzhaider, RD Gray - Current Biology, 2007; junto con AH Taylor, GR Hunt, FS Medina, RD Gray - Royal Society, 2008.

[35] Tanto la Biblia como la tradición cristiana en general lo han entendido así, al ángel como un ser racional inferior a Dios, pero superior al hombre ontológicamente —claro, a excepción de teologías heterodoxas heréticas como las que no creen en su existencia—.

que, argumentan, la Biblia no enfatiza una gran diferencia entre la naturaleza del hombre y la de los animales, sino en el llamado del hombre a representar a Dios en la tierra. Evidentemente, una mayor capacidad cognitiva es necesaria para esta tarea. Pero el punto es que somos más parecidos a los animales de lo que creemos.

Uno de sus principales puntos es que el Antiguo Testamento y Génesis en específico, usan las mismas palabras hebreas cuando hablan de Dios creando a los animales y al hombre (*bara y asah*),[36] cuando hablan de alma (néfesh), y aliento de vida (neshamá) en animales y el hombre[37] y cuando hablan de la carne en animales y el hombre (*basár*).[38]

Palabra	Hombre	Animal
Crear (bara)	[27] Creó (bara), pues, Dios al hombre a imagen suya, a imagen de Dios lo creó (bara); varón y hembra los creó (bara). (Génesis 1:27)	[21] Y creó (bara) Dios los grandes monstruos marinos y todo ser viviente que se mueve... (Génesis 1:21)
Hacer (asah)	[26] Y dijo Dios: Hagamos (asah) al hombre a nuestra imagen, conforme a nuestra semejanza... (Génesis 1:26)	[25] E hizo (asah) Dios las bestias de la tierra según su género... (Génesis 1:25)
Néfesh (alma)	[7] Entonces el SEÑOR Dios formó al hombre del polvo de	[20] Entonces dijo Dios: Llénense las aguas de multitudes de seres

[36] Bara: Génesis 1:21-Animales; Génesis 1:27-Hombre. Asah: Génesis 1:25-Animales; Génesis 1:26-Humanos.
[37] Nefesh: Génesis 1:20, 2:19, 9:4-Animales; Génesis 2:7, 9:5, 12:5-Humanos. Neshamá: Génesis 6:17, 7:22-Animales y Humanos.
[38] Basar: Génesis 41:2-19, Éxodo 21:28-Animales; Génesis 2:7, 9:5.

	la tierra, y sopló en su nariz el aliento de vida; y fue el hombre un ser viviente (néfesh). (Génesis 2:7)	vivientes (néfesh)... (Génesis 1:20)
Aliento de vida (neshemá)	[21] ¿Quién sabe que el aliento *de vida* (neshemá) del hombre asciende hacia arriba y el aliento *de vida* del animal desciende hacia abajo, a la tierra? (Eclesiastés 3:21)	[21] ¿Quién sabe que el aliento *de vida* del hombre asciende hacia arriba y el aliento *de vida* (neshemá) del animal desciende hacia abajo, a la tierra? (Eclesiastés 3:21)
Carne (básar)	Por tanto, mi corazón se alegra y mi alma se regocija; también mi carne (basár) morará segura, (Salmo 16:9)	Entonces será revelada la gloria del Señor, y toda carne (basár) a una *la* verá, pues la boca del Señor ha hablado (Isaías 40:5)

Recordemos el versículo del libro de Eclesiastés que comentamos previamente. «Todos han salido del polvo y todos vuelven al polvo (Eclesiastés 3:20)». Pero si analizamos un poco más en ese mismo capítulo, veremos que su escrito va más allá, ya que no solo afirma que el hombre es polvo (materia), sino que afirma que también somos animales, como en la postura católica aristotélica que habla de animales racionales:

Dije *además* en mi corazón en cuanto a los hijos de los hombres: Ciertamente Dios los ha probado para que vean que son solo animales. Porque la suerte de los hijos de los hombres y la suerte de los animales es la misma: como muere el uno así muere el otro. Todos tienen un mismo aliento *de vida*; el hombre no tiene ventaja sobre los animales, porque todo es vanidad (Eclesiastés 3:18-19).

La única diferencia que podemos encontrar entre los componentes de los animales y el hombre es el *ruaj*. Este, «predominantemente indica algo que trasciende al hombre; es más bien lo "no humano" que está en el hombre (Is. 31. 3) como recibido permanentemente de Dios (Jue. 14. 6; Ez. 2. 2). De hecho, en 100 pasajes se habla de "espíritu de Dios" o "de Yavé».[39] Se resalta la dependencia en Dios, lo que nos recuerda que el hombre, para los hebreos, es tanto carne como espíritu, pero este espíritu, *ruaj*, como algo recibido de Dios, sin lo cual «el hombre no es sino carne (Génesis 6:3)».

Esto lo podemos comprobar haciendo un estudio de la antropología hebrea. Como semitas, los hebreos le daban una gran importancia a la carne y a la sangre; ahí es donde estaba la vida. Es por eso que su ética y su moral, que naturalmente se construían desde su antropología, se basaban en «proteger» la carne. Ellos no incineraban, usaban tumbas. Ellos no recomendaban el aborto como los griegos, sino que lo consideraban pecado porque en el feto (carne y sangre) había vida. En la ley de Moisés no se permitía matar; la vida, que se encuentra en la sangre, es sagrada. La vida moral de un hebreo se basaba en cuidar al otro; la carne no se debía rayar (Levítico 19:28); se debía honrar al mayor, respetar al migrante y amar como a

---

[39] Pbro. Dr. Victor Manuel Fernandéz, El dinamismo del Espíritu Santo en el lenguaje y en la vida de la Iglesia [en línea], en Sociedad Argentina De Teología, *El misterio de la Trinidad en la preparación del Gran Jubileo*, (Buenos Aires: San Pablo, 1998). Disponible en: http://bibliotecadigital.uca.edu.ar/repositorio/rectorado/dinamismo-espiritu-santo-lenguaje-fernandez.pdf.

El hombre

uno mismo al extranjero (Levítico 19:32-34); no se comía la sangre (Levítico 19:26); el adulterio era un pecado grave (Levítico 19:20); no se abusaba del discapacitado (Levítico 13-14); se da de comer al forastero, al huérfano y a la viuda (Deuteronomio 24:19). En el Nuevo Testamento, basár pasa a sárx, en griego, que igual es carne. «[14] Y el Verbo se hizo carne (sárx), y habitó entre nosotros, y vimos su gloria, gloria como del unigénito del Padre, lleno de gracia y de verdad». Esto con propósitos teológicos ([6] Lo que es nacido de la carne (sárx), carne es, y lo que es nacido del Espíritu, espíritu es) y, por supuesto, antropológicos ([18] Porque yo sé que en mí, es decir, en mi carne, no habita nada bueno; porque el querer está presente en mí, pero el hacer el bien, no). De igual forma, esta concepción del hombre pasa a formar una ética y una moral. Jesús, como hebreo, tiene esto muy presente:

[35] Porque tuve hambre, y me disteis de comer; tuve sed, y me disteis de beber; fui forastero, y me recibisteis; [36] estaba desnudo, y me vestisteis; enfermo, y me visitasteis; en la cárcel, y vinisteis a mí». (Mateo 25:35-36)

Entonces, si el Imago Dei no está relacionado con un parecido físico del hombre a Dios, ni tampoco solo en cuanto a su naturaleza ontológica, ¿qué opción nos queda? Como mencioné anteriormente, éstos académicos sugieren que el Imago Dei, además, hace alusión al llamado especial que tiene el hombre por sobre todas las criaturas que habitan la tierra; por eso se llama visión de la vocación. ¿Pero acaso cuentan con otros pasajes en la Escritura para confirmar su tesis?

En el Nuevo Testamento podemos ver que el Apóstol Pablo mencionó algo sobre tal cuestión. En Romanos 8:29 dijo: «Porque a los que de antemano conoció, también *los* predestinó *a ser* hechos conforme a la imagen de su Hijo...». En otras palabras, el Imago Dei es un llamado, una vocación.

Pero ¿por qué se habla de que Dios nos creó a imagen y semejanza suya? ¿Acaso esto no significa que nos hizo con esa condición creándonos materialmente? ¿No dice la Escritura que Adán y Eva son los primeros humanos y que son creados con esa condición?

John Walton, en su libro *El Mundo perdido de Génesis Uno*,[40] argumenta que Bara no significa crear de la nada, sino dar propósito o función divina a algo. Por ejemplo, en el libro de los Salmos, capítulo 51 versículo 10 dice «Crea (bara) en mí, oh Dios, un corazón limpio», y claramente no se refiere a crearle un nuevo corazón material de la nada, sino a darle un nuevo propósito y función.

Recordemos los días de la creación. En el capítulo anterior concluimos que Génesis no data la tierra en una cierta edad, sino que los días sirven para dar orden y después función (v. g., crear los cielos y los mares y después los animales de los cielos y de los mares). Esto es muy común a lo largo del Antiguo Testamento. En dicho caso, podríamos deducir que, al enfocarse en establecer orden y función en los 6 días de creación con el fin de que el universo sea el templo cósmico de Dios, podemos rechazar que el enfoque del texto sea cuándo o en qué momento surgió lo material.

Volvamos al versículo de Génesis:

Creó (Bara), pues, Dios al hombre a imagen suya, a imagen de Dios lo creó (Bara); varón y hembra los creó (Bara) (Génesis 1:27 LBLA).

Aquí podemos ver que perfectamente podría significar que Dios eligió al hombre para darle el propósito de ser imagen suya en la tierra. Establece función. No dice que el hombre surgió de manera espontánea hace 6000 años (y aunque así fuera, Génesis no es una cronología). Dios le dió esa función al hombre. De hecho, el siguiente versículo deja aún más claro que Dios les establece una función a los humanos:

---

[40] John Walton, *The lost world of Genesis One*, (InterVarsity Press, 2010).

64

El hombre

Y los bendijo Dios y les dijo: Sed fecundos y multiplicaos, y llenad la tierra y sojuzgadla; ejerced dominio sobre los peces del mar, sobre las aves del cielo y sobre todo ser viviente que se mueve sobre la tierra (Génesis 1:28).

El hombre es llamado a ejercer dominio sobre las demás especies en la tierra. Y no solo porque cuente con una naturaleza ontológica diferente a los demás animales, sino porque Dios los escogió a ellos así como hace con naciones y personas a lo largo de la historia de la Biblia.

Joshua Moritz escribe en su artículo *Natures, Human Nature, Genes and Souls: Reclaiming Theological Anthropology Through Biological Structuralism:*

Así como Abraham fue escogido por Dios de entre las naciones, así los humanos fueron escogidos por Dios de entre la multiplicidad de formas de vida para servir como sacerdotes del templo cósmico, y para representar los propósitos y la voluntad de Dios ante sus compañeros coherederos orgánicos del reino de Dios. Los humanos son la imagen de Dios, no por naturaleza biológica o derecho, sino por elección de entre los animales por gracia divina.[41]

El que existan dos relatos de la creación en el Génesis, y que en el segundo se rompa cierto orden cronológico que mantenía el primero, confirma que este libro de los orígenes no es un libro científico y, que más bien, relata las funciones que le dio Dios a su creación. Por ejemplo, que en algún momento eligió a nuestra especie para representarla en la tierra. Éste rechazo a lo cronológico y la insistencia en el establecimiento de funciones en los distintos días de la creación lo podemos ver en otras ocasiones, por ejemplo, cuando en el día 1 se habla de que hay luz, pero hasta el día 4 se crean las lumbreras. O cuando se habla de día, tarde y noche sin antes haber

---

[41] Joshua Moritz, *Natures, Human Nature, Genes and Souls*, (Dialog: A Journal of Theology 46:3 2007).

sol. Esto simplemente obedece a los patrones en los que se establece orden y, posteriormente, función. Génesis no habla ni pretende hablar de orden cronológico en los orígenes, sino de la función y el propósito de su creación.

Insisto, el hombre es diferente por naturaleza a los demás animales, pero también, y más importante, en cuanto a los roles que Dios le estableció. Recordemos que se habla de la creación de los seres humanos en el sexto día, el mismo día que fueron creados todos los animales.

Evidentemente no se intenta argumentar que Génesis habla de que los hombres surgimos de un proceso aleatorio, sino porque Dios lo quería así, y Él, en su providencia y soberanía, nos había elegido para representarlo en la tierra desde antes de la fundación del mundo.

Es importante aclarar que el texto habla de que, aunque somos animales desde la antropología biológica, somos diferentes en cuanto a nuestra vocación, pues hemos sido llamados a ejercer dominio sobre los demás animales. Y, claro, esto implica una diferencia ontológica que nos hace valiosos y dignos intrínsecamente.

Génesis también nos habla de que Dios, al llamar al hombre a representarlo en la tierra, le dió libertad de actuar, crear y nombrar:

19 Y el Señor Dios formó de la tierra todo animal del campo y toda ave del cielo, y *los* trajo al hombre para ver cómo los llamaría; y como el hombre llamó a cada ser viviente, ése fue su nombre. **20** Y el hombre puso nombre a todo ganado y a las aves del cielo y a toda bestia del campo, mas para Adán no se encontró una ayuda que fuera idónea para él.

Por último, recordemos que, después de que Génesis nos habla de la caída (Génesis 3), en el capítulo 4 se aborda del asesinato de Caín a Abel:

El hombre

4 Y el hombre conoció a Eva, su mujer, y ella concibió y dio a luz a Caín, y dijo: He adquirido varón con *la ayuda del* SEÑOR. **2** Después dio a luz a su hermano Abel. Y Abel fue pastor de ovejas y Caín fue labrador de la tierra. **3** Y aconteció que al transcurrir el tiempo, Caín trajo al SEÑOR una ofrenda del fruto de la tierra. **4** También Abel, por su parte, trajo de los primogénitos de sus ovejas y de la grosura de los mismos. Y el SEÑOR miró con agrado a Abel y a su ofrenda, **5** pero a Caín y su ofrenda no miró con agrado. Y Caín se enojó mucho y su semblante se demudó. **6** Entonces el SEÑOR dijo a Caín: ¿Por qué estás enojado, y por qué se ha demudado tu semblante? **7** Si haces bien, ¿no serás aceptado? Y si no haces bien, el pecado yace a la puerta y te codicia, pero tú debes dominarlo. **8** Y Caín dijo a su hermano Abel: vayamos al campo. Y aconteció que cuando estaban en el campo, Caín se levantó contra su hermano Abel y lo mató.

Pero lo interesante es que, en los siguientes versículos, se habla de que Caín temía que alguien lo matara por lo que había hecho:

13 Y Caín dijo al SEÑOR: Mi castigo es demasiado grande para soportarlo. **14** He aquí, me has arrojado hoy de la faz de la tierra, y de tu presencia me esconderé, y seré vagabundo y errante en la tierra; y sucederá que cualquiera que me halle me matará.

Y, ante esto, Dios le responde que le pondrá una señal para que, quien lo vea, no lo mate:

15 Entonces el SEÑOR le dijo: No será así; *pues* cualquiera que mate a Caín, siete veces sufrirá venganza. Y puso el SEÑOR una señal sobre Caín, para que cualquiera que lo hallase no lo matara.

Si solo existía la familia de Adán y Eva, ¿quiénes eran esos «cualquiera» que lo matarían al verlo? Juntando esto con el significado de la palabra *bara*, podemos ver que no se nos habla de Adán y Eva como los primeros homínidos, sino como los primeros humanos hechos a su imagen y semejanza de Dios.

¿Dos universos diferentes?

Un creacionista de tierra joven respondería diciendo que Caín vivió cientos de años, y que perfectamente pudieron nacer más personas de la familia de Adán durante este largo período de tiempo; a estas personas son a las que Caín temería. Pero esto es absurdo, ya que estas edades que se mencionan en Génesis son simbólicas. Es a su vez este error el que los lleva a calcular erróneamente el diluvio o la edad de la tierra —dataciones que Génesis nunca menciona, así que parecen ser ellos los que añaden a la Biblia—.

El académico Craig Olson ha escrito una disertación doctoral sobre la interpretación de la edad de los patriarcas. En ella argumenta que una interpretación «literal» —esto es, si tomamos literalmente la duración de la vida de los patriarcas desde Génesis 5 al 11—, nos conducimos inevitablemente a un considerable número de problemas y contradicciones bíblicas; y caemos en el error de interpretar los números como un hombre moderno y no como lo hacían los antiguos.[42] Esto lo hace presentando un gran número de ejemplos a lo largo del Antiguo Testamento o la Biblia hebrea. Por propósitos de este texto, revisemos solo un par de ejemplos presentados por Craig sobre las incoherencias que esta visión generaría:

1. «Primero, la declaración de que "[8]Abraham expiró, y murió en buena vejez, anciano y lleno *de días*, y fue reunido a su pueblo" (Génesis 25:8) es claramente falsa si las edades de sus antepasados son valores numéricos literales. Si se supone que las edades pre-abrahámicas son una cronología sin pausas, entonces todos los antepasados de Abraham después del diluvio fueron sus contemporáneos y cuatro de ellos —Sem, Arfaxad, Sela y Heber— todavía estaban vivos cuando Abraham entró en Canaán, y Heber y Sem le sobrevivieron (Génesis 11: 10-32). Sin embargo, el texto

---

[42] Véase Craig Olson, *How Old was Father Abraham? A Symbolic Interpretation of the Patriarchal Lifespans Part 1*

trata a estos hombres como antepasados respetados, no contemporáneos. No hay indicios de que estos hombres vivieran al mismo tiempo que Abraham, y la narrativa no tendría sentido si así fuera. ¿Por qué Dios elegiría a Abraham para ser el padre de los hebreos si su tocayo —Heber— estuviera vivo todavía? Abraham es el primer hombre en la Escritura que se llama anciano y se dice que vivió una vida plena. Pero, ¿cómo puede ser eso cuando vivió una vida mucho más corta que sus antepasados?[43]»

2. «Segundo, la risa incrédula de Abraham ante la posibilidad de engendrar un hijo a los 100 años (Génesis 17: 15-19) indica claramente que no creía que sus antepasados engendraran hijos a los 130 (Adán y Taré), 187 (Matusalén) o 500. años (Noé)».[44]

Craig también menciona que los antiguos no usaban los números como lo hacemos nosotros.[45]Ben Stanhope añade que todas las duraciones de sus vidas presentan fórmulas aritméticas, pues dice «Todas son divisibles entre 5 o terminan en 2 o 7 (con la única excepción de Matusalén de quien su edad puede ser derivada al sumar múltiplos de 5 y 7)».[46]

Además, otra prueba de esto está en el mismo capítulo, pero ahora en el versículo 16, que dice así:

16 Y salió Caín de la presencia del SEÑOR, y se estableció en la tierra de Nod, al oriente del Edén. 17 Y conoció Caín a su mujer, y ella concibió y dio a luz a Enoc; y edificó una ciudad y la llamó Enoc, como el nombre de su hijo.

---

[43] Craig Olson, *How Old was Father Abraham? A Symbolic Interpretation of the Patriarchal Lifespans Part 1*
[44] *Ídem.*
[45] Véase *How Old was Father Abraham? A Symbolic Interpretation of the Patriarchal Lifespans Part 2.*
[46] Ben Stanhope, *The Numerological Lifespans of the Patriarchs.* Este artículo se encuentra en el libro mencionado.

¿Dos universos diferentes?

Leemos que caín edificó una ciudad pero, ¿él solo?, ¿con la ayuda de su hijo y su mujer? No parece razonable, y mucho menos comparado a la posibilidad de que los habitantes de Nod le ayudaran.

Por lo tanto, Caín no temía a otros humanos de la familia de Adán y Eva, sino que ya existían otros humanos en ese momento; pues Adán y Eva simplemente fueron los primeros hechos a imagen y semejanza de Dios.

Conclusión

Al leer la Biblia, solemos darle prioridad a lo que se dice del hombre, debido a que se dice que es una creación especial, hecha a imagen y semenza de Dios (Génesis 1:26) y nosotros formamos parte de esa especie. Muchas veces damos por supuestos algunos significados en la Biblia, y esto también pasa con el Génesis; pero esto es terrible. Iría hasta el punto de decir que no podemos entender el Pentateuco y la ley de Moisés sin entender el principal concepto antropológico del Génesis: el Imago Dei. Cubrimos las tres principales teorías al respecto y concluimos que, conforme a lo que dice el texto, no es razonable creer que el Imago Dei se refiere a un parecido físico del hombre con Dios.

Asimismo, deducimos de que, si bien la visión de la naturaleza ontológica es razonable, y con una leída apacible podíamos creer que es lo único que dice la Biblia, al investigar algunas conceptos básicos nos dimos cuenta de que también la visión de la vocación es fiel a la Escritura y fácilmente se podría tratar de la visión que tenían los hebreos en ese tiempo, junto con la de la naturaleza ontológica en cuanto al Espíritu de Dios (*ruaj elohim*) moraba en él. Es por eso que los profetas son los hombres inspirados (Oseas 9:7). Algunos autores sostienen que estas dos últimas visiones son verdad y que se complementan; otros creen que solo una es verdad.

El hombre

En este texto no se intenta negar la visión de la naturaleza ontológica, simplemente se prioriza defender la racionabilidad de la visión de la vocación del hombre, ya que muchas veces es ignorada o desconocida sencillamente. La visión de la naturaleza ontológica parece encajar perfectamente con la visión que se centra en el propósito del hombre. No se anulan la una a la otra, sino que pueden estar en armonía.

Por último, defendimos que Génesis 1 no habla de la creación de los primeros humanos, sino de los primeros humanos creados a la imagen y semejanza de Dios.

Parte II

La ciencia: una historia a través del método científico

Capítulo 5

El Big Bang

Todavía recuerdo aquellas tardes en casa de mi abuela: solía pasarlas jugando videojuegos acostado sobre un sofá. Con el paso de las horas, inevitablemente llegaría un punto en el que mi pasatiempo favorito se convertiría en un somnífero. El aburrimiento era tal que, a pesar de mi corta edad, me llevaba a hacerme preguntas existenciales. Es difícil recordarlas todas, pero la que, cada día, inexorablemente, resonaba en mi cabeza era, ¿si el universo comenzó a existir, qué lo creó?

Cuando era niño, mi intuición me decía que el universo había tenido un comienzo. Un universo eterno no era algo que pasara por mi cabeza. Y es que, sin saber de ciencia o de filosofía, la idea de un universo con pasado infinito me generaba bastantes problemas en mi cabeza. No sé, todas las cosas a mi alrededor habían tenido un comienzo. Sin embargo, no fue hasta unos años más tarde que, en clase de biología, tuve mi primer encuentro con la célebre teoría del Big Bang. El profesor nos explicó los diferentes modelos que se han propuesto a lo largo de la historia al pretender explicar el origen del universo. Cubrió las teorías divinas —desde mitologías como el paganismo nórdico con dioses como Odín, hasta religiones como el hinduismo y, claro, las abrahámicas como el islam, el judaísmo y el cristianismo— y los intentos científicos que se habían dado para intentar responder esta pregunta. La evidencia parecía contundente: el universo había tenido un inicio. Toda la evidencia científica del momento apuntaba a la Gran Explosión.

¿Dos universos diferentes?

Estaba emocionado de haber aprendido algo nuevo, tanto que bastó con llegar a mi casa para contarle a todos sobre la teoría del Big Bang. Después de eso, hubo un período de tiempo en el que me olvidé por completo de ello.

Un día, tal vez un par de años más tarde, mientras leía en mi habitación, ese pensamiento volvió a aterrizar en mi cabeza: había algo que no me convencía.

Siempre he sido un aficionado a la ciencia. Todo comenzó durante la escuela primaria, donde era muy común llevar revistas con «datos curiosos» para compartirlos con mis amigos y parecer más inteligente que ellos. A partir de allí, desarrollé un gusto por saber cómo funcionaban las cosas a mi alrededor. Sin embargo, al meditar esta cuestión (el origen del universo), me dí cuenta de que mi limitado conocimiento científico no me era suficiente para responder a preguntas de este tamaño. Era hora de acudir a expertos, de ver qué decía la evidencia científica más reciente al respecto.

Primero, ¿por qué los científicos contemporáneos están tan seguros de que el universo comenzó a existir? ¿Qué tal si el universo es eterno? Estas dudas eran suscitadas, más que nada, por el problema que le generaba a mi cabeza pensar que todo esto llegó a existir «de la nada». Pues, como dije, todas las cosas a mi alrededor parecían comenzar a existir en algún punto, pero necesitaban algo que las creara. Lo que pensaba se puede describir con la frase de Terry Pratchett: «En el principio no había nada, y luego explotó».[47]

---

[47] Véase Terry Pratchett, *Lores y damas*, (Debolsillo, Barcelona, 2004).

El Big Bang

Una idea sorprendente, pero ¿nueva?

Un buen filósofo no puede ir tan rápido, mucho menos conocer el presente sin antes entender el pasado. Así, es preciso conceptualizar mediante un breve repaso histórico.

Como repasamos anteriormente, la idea de un universo eterno, aunque inconcebible para algunos, fue aceptada durante gran parte de la humanidad. Se podría decir que, hasta el nacimiento de las religiones abrahámicas, la humanidad parecía estar conforme con tal explicación. La tradición griega estuvo marcada por este pensamiento. Los primeros filósofos griegos se enfocaron en el estudio de la naturaleza (*physis*). Todos ellos coincidían en que algún tipo de «elemento» (*arjé*) había existido siempre, y a partir de dicho elemento es que habrían surgido todas las cosas. Algunos creían que era el agua, otros que el aire, o el fuego o la tierra. Empédocles, por ejemplo, creía que eran los cuatro. El asunto es que nunca pensaron en algo como «la nada». Años más tarde, el gran polímata Aristóteles, quien dio respuesta a muchas preguntas planteadas por sus antecesores, señaló que el universo era eterno, pues la idea contraria le parecía absurda.[48] No obstante, otro polímata, pero ahora musulmán y de la época medieval llamado Al-Ghazali, preocupado por la influencia que estaban teniendo los pensadores griegos entre los musulmanes, escribió una obra llamada *La incoherencia de los filósofos*, en la que argumenta a favor de un universo con pasado finito.[49] Esto debido a que los filósofos musulmanes estaban empezando a aceptar la idea de un universo eterno, por la cual se veían tentados a quitar a Dios de la ecuación, pues ya no se necesitaría

---

[48] En el libro VIII de su física, Aristóteles desarrolla esto, contrastando con la postura de Platón manifestada en el Timeo —donde un Demiurgo ordena el universo a partir de materia preexistente—, pero en armonía con la creencia griega de que no es posible la creación de la nada.

[49] Véase Traducción por Michael E. Marmura, *The Incoherence of the Philosophers*, Kindle.

un creador del universo. Pero Al-Ghazali creía que podíamos llegar a la conclusión de que nuestro universo había comenzado a existir partiendo de la razón.

Él decía que, si creíamos en un universo eterno, estaríamos creyendo en un número infinito actual de eventos pasados, lo cual, argumentaba, es absurdo lógicamente. Puesto que, a pesar de que un infinito potencial o periódico es posible, un infinito actual no lo es.[50] Un ejemplo sería que no podemos sumar a un infinito, por lo que, si hubiera un número infinito de eventos pasados, jamás habríamos llegado al día de hoy. Hoy en día le podríamos sumar a éste razonamiento la evidencia científica con la que contamos.

No obstante, la creencia en un universo eterno continuó predominando en las mentes humanas por mucho tiempo. Isaac Newton, que es considerado por muchos como el científico más grande de todos los tiempos, si bien creía en un universo eterno, dudaba de ello e incluso fue un asunto en el que reflexionó bastante. Como prácticamente cualquier gran participe de la revolución científica, la creencia en un Dios generó en Newton el pensamiento de que el universo tenía que ser «el libro de la naturaleza», en el que Dios se había de revelar por medio de un lenguaje racional —la matemática—, creando un mundo con regularidades —leyes de la naturaleza— que fueran perfectamente posibles de descubrir para el ser humano. Esto también influyó en que considerara que el universo tenía que ser inmutable, infinito, eterno, etc., tal como lo era Dios.

---

[50] «Sin embargo, hay procesos que se pueden iterar indefinidamente, dando lugar a lo que él [Aristóteles] llamó 'infinidad potencial'... Esta concepción se opone a la del 'infinito actual', que resultaría si se pudieran completar algunos procesos infinitos, llevados a cabo 'todos a la vez', por así decirlo. Si el infinito actual fuera real, entonces se podrían tener cuerpos infinitamente largos, segmentos infinitamente largos o infinitamente pequeños, la totalidad de los números naturales, un número infinito, infinitos instantes de tiempo, etc.» Cita tomada de *Infinity*, Stanford Encyclopedia of Philosophy: https://plato.stanford.edu/entries/infinity/#InfiPhilSomeHistRema.

El Big Bang

Este genio tan particular parecía divergir con la convicción que existía en el mundo teísta de que el universo era finito. Desafortunadamente para él, un universo como lo imaginaba no es posible, pues son las propias leyes que él descubrió las que no lo permiten.

Él argumentaba que el universo era eterno, además de que el espacio era infinito y la materia (v. g., las estrellas) también, ya que si solo el espacio fuera infinito y la materia finita, esta última colapsaría en el centro debido a la gravedad. Pero creía que si asumíamos que la materia también es infinita, el problema del centro quedaría a un lado debido a que la materia ya no sería atraída solo a un único punto, lo que permitiría un estado estacionario.[51]

Pero esto seguía presentando un serio problema: si el universo es eterno, estático y el número de estrellas en él infinito, ¿entonces por qué el cielo nocturno no es absolutamente brillante? Este problema fue popularizado por el astrónomo Heinrich Wilhelm Olbers en 1823 con el nombre de la «paradoja de Olbers». Simplemente hace notar el problema con esta idea del universo ya que, si el universo es eterno y el número de estrellas en él infinito, no tiene sentido que el cielo nocturno sea en su mayoría oscuro. En un universo eterno el tiempo habría de ser suficiente para que la luz de la infinidad de estrellas llegara a nuestra atmósfera, creando así un cielo totalmente brillante. Por lo tanto, esta idea del universo no es razonable.

I. Evidencia científica a favor del Big Bang

Según la cosmología contemporánea, el universo tuvo un inicio hace 13.800 millones de años en un evento conocido como la Gran Explosión (Big Bang). Es tal lo abrumante de la evidencia que, aun

---

[51] Escribió sobre esto en una carta a Richard Bentley, el 10 de diciembre de 1692.

con el paso de casi un siglo, existe un consenso tácito entre los cosmólogos. Y es que, desde que fue propuesta por Georges Lemaître, sacerdote católico y cosmólogo belga, la teoría no ha recibido más que ataques e intentos de refutaciones, pero todos sin éxito. Entonces, adentrémos en la historia de esta teoría y en la gran cantidad de evidencia que la sustenta.

Paradójicamente, para entender cómo se llegó a la conclusión de que el universo que conocemos tuvo un inicio, debemos tener una idea de la teoría de alguien que, originalmente, rechazó la posibilidad del Big Bang.

A inicios del siglo XX Albert Einstein se dio a conocer al mundo, bueno, por lo menos al mundo científico. Se dice que tuvo su «annus mirabilis» (en latín, que significa «año de los milagros»).[52] Y dicha locución es todo menos exagerada. En el año 1905 publicó varios artículos pero, especialmente uno —que es el que nos interesa— que cambió por completo el panorama de la física: en el que introduce la relatividad especial.

Para entender esta teoría de un modo sencillo debemos empezar por sus dos postulados. Primero, Einstein parte de que las leyes de la naturaleza son las mismas en todos los marcos de referencia que se mueven de manera uniforme. Por ejemplo, digamos que voy en mi automóvil a 70 km/h y decido lanzar mi celular hacia la parte de atrás a 5 km/h. Si hago esto, mi celular, al no ir a una gran velocidad, no recibirá ningún daño. Pero si decido tirar mi celular por la ventana, su velocidad será la suma de la velocidad del vehículo (70 km/h) más la velocidad a la que lancé el celular (5 km/h), 75 km/h. Si este hace contacto con una persona, le podría causar un gran daño, además de que se rompería el celular. Por otro lado, si me encuentro fuera de mi automóvil y lanzo el celular hacia otra persona a 5 km/h, este

---

[52] Véase John Stachel (Ed.), *Einstein's Miraculous Year*, (Princeton University Press, 2005).

prácticamente no le hará daño, pues su velocidad será igual a la suma de mi velocidad (0 m/s) más la velocidad a la que lo lancé (5 km/h), 5 km/h. Aunque un marco de referencia sea el automóvil y otro la tierra, las leyes del movimiento son las mismas. Pero esto cambia con la luz. El otro postulado de Einstein es que nada puede viajar más rápido que la luz y que esta tiene una velocidad constante.[53] Por lo tanto, si lo que hiciera en cada marco de referencia fuera encender la linterna de mi celular, en ambos casos la velocidad de la luz sería la misma. Es decir, no sumaría ni la velocidad del auto ni mi velocidad.

Entonces, así como al avanzar en la dirección de un cuerpo en movimiento la distancia entre dicho cuerpo y yo es menor, la velocidad también debe serlo. Por el contrario, si hago lo mismo con una fuente de luz, la distancia también sería menor, pero la velocidad de la luz seguiría siendo la misma, lo que hace necesario que el tiempo sea menor. Esa sería la única forma de conciliar la velocidad constante de la luz y las leyes del movimiento: la dilatación temporal. El espacio y el tiempo no serían absolutos. Al movernos, no solo el tiempo pasaría más lento, sino que el espacio se comprimiría. De aquí viene entender al universo en 4 dimensiones, siendo el tiempo una de ellas, la cual podemos recorrer.

Sabemos, por ejemplo, que el espacio y el tiempo están conectados, cuando vemos el cielo nocturno. Podríamos decir que cuando vemos las estrellas podemos viajar al pasado, pues su luz tarda en llegar a nosotros. Esto no lo logramos apreciar con claridad día a día, pues usualmente nos encontramos con observadores en el mismo marco de referencia. Pero imagina que entre dos observadores existe un movimiento relativo con velocidades cercanas a la velocidad de la luz, entonces habrá diferencias sustanciales entre sus mediciones de espacio y tiempo.

---

[53] Velocidad de la luz en el vacío: $c = 3.00 \times 10^8$ m/s (valor computacional) y 299. 792. 458 metros por segundo exactamente.

¿Dos universos diferentes?

Pero esto no es todo. 10 años más tarde presentó la teoría de la relatividad general, en la que añadió la gravedad a la ecuación — literalmente—. Dicha teoría solucionó los problemas que restaban con la gravitación de newton (v. g., el problema en el cálculo de la orbita de mercurio). Además, lo hizo experesando otra visión completamente revolucionaria de la gravedad: la curvatura del espacio tiempo.

Lo interesante, al menos para el propósito de éste texto, es que el origen del universo estaba implícito en las ecuaciones de la relatividad general.

Fue hasta que un sacerdote llamado George Lemaître, simpatizante de la teoría de la relatividad general, llegó a la conclusión, por vía teórica, utilizando las ecuaciones de Einstein, de que un universo en el que dicha teoría fuera cierta necesariamente tendría que expandirse o contraerse. Publicó su artículo al respecto en un diario belga en 1927, pero no llamó mucho la atención.

Esto no le gustaba nada a Einstein, e incluso llegó a añadir una constante en su ecuación llamada constante cosmológica, para que, a partir de ella, solo se pudiera llegar a un universo eterno y estable. Einstein, al igual que muchos otros científicos, creía que Lemaître había llegado a esa conclusión con el fin de justificar su creencia en Dios. Pero la evidencia empírica no tardó en llegar. La idea de un comienzo, aunque rechazada al principio, no fue olvidada por todos.

Años más tarde, Edwin Hubble, en el Observatorio del Monte Wilson, comprobó que el universo se estaba expandiendo, pues observó el «corrimiento al rojo» de las galaxias más lejanas a nosotros. La distancia entre distintas galaxias parecía hacerse más grande con el paso del tiempo. El universo, efectivamente, estaba en expansión. Desde ahí, fue reduciéndose cada vez más el número de detractores de esta teoría.

El Big Bang

A partir de allí fue Lemaître quien, siguiendo con un análisis lógico, dedujo que, si el universo se estaba expandiendo, se tuvo que comenzar a expandir en algún momento. Por lo que, en algún punto, toda la materia y/o energía tuvo que estar condensada en lo que él llamó «átomo primigenio». Estuvieron juntas en algo increíblemente denso y caliente. Fue allí donde comenzó la expansión. El universo había tenido un inicio. Esto lo publicó y justificó en su obra *Átomo primigenio* en 1946.

Aunque al principio los cálculos de los astrónomos sobre la edad del universo no fueron precisos, una vez con la comprobación de la teoría de la expansión del universo cada vez más científicos creyeron en la teoría de aquel sacerdote y cosmólogo. Aunque, eso sí, ahora adoptada con el nombre «Big Bang», como insulto por parte del astrónomo Fred Hoyle, por creer que se trataba de una idea ridícula. Finalmente, se logró calcular la edad del universo, que, según los cálculos más recientes, es de aproximadamente 13.800 millones de años.

Pero no fue hasta que se descubrió la radiación de fondo de microondas —energía residual de la Gran Explosión—, que la teoría fue aceptada por la mayoría de los cosmólogos, aunque no dejó de recibir ataques. Estamos hablando de los años 60s, cuando ya era una considerable cantidad de cosmólogos los que estaban conformes con éste modelo del universo, pero esta pieza de evidencia fue fundamental para el completo armado del rompecabezas y su aceptación universal, por lo menos en ámbitos científicos.

¿Única explicación?

Como dije, esta teoría no ha dejado de recibir ataques, a tal punto de que incluso al día de hoy se intenta refutar. Pero, a pesar de eso, esta teoría es universalmente aceptada por los cosmólogos. Y es que, parece haber algo de esta hipótesis que no les gusta escuchar a las personas. Podría ser lo difícil de concebir en nuestra mente, o, simplemente, la ignorancia sobre la evidencia de la teoría. Pero veamos cuáles han sido algunas otras propuestas científicas. Ninguna es aceptada por parte de las instituciones académicas, pero vale la pena conocerlas y entender por qué es que el Big Bang nos da una mejor explicación del cosmos, además de que, claro, es la única opción con evidencia, coherente entre sí misma y con gran poder explicativo.

Modelo del estado estacionario

Como he mencionado, para la mayoría de los pensadores ha sido más fácil suscribirse a la idea de un universo eterno, sin principio ni fin, en el que la materia siempre ha estado allí —por lo menos hasta mediados del siglo XX—. El universo de Aristóteles ya era así, sin cambios y eterno. Esta tesis de un universo sin principio ni fin, como ya hemos visto, se conoce como estado estacionario. Antes de que tomara forma el rompecabezas de la teoría del Big Bang, este modelo ganó un número considerable de adeptos, quienes afirmaban que la densidad de la materia en el universo permanecía prácticamente constante debido a la creación continua de materia. Curiosamente, uno de los científicos defensores de este modelo en la época del Big Bang fue Fred Hoyle. Sí, quien se reía de la teoría de Lemaître. Del mismo modo, Albert Einstein propuso, junto con su teoría de la relatividad general, un universo infinito en tiempo. Pero, desafortunadamente para ellos, la abrumadora evidencia encontrada a favor de la teoría de aquel sacerdote llegó durante las mismas décadas, lo que hizo que los cosmólogos descartaran este modelo del universo. Y no, no todos los pensadores cristianos o teístas pensaron igual que él, ya vimos el caso de Newton, y también Robert Millikan, por ejemplo, que optó por un modelo de un universo eterno. Todo lo contrario a Lemaître. Otro caso es William McCrea. Santo Tomás de Aquino, por ejemplo, defendió desde la fe que el universo había comenzado a existir, pero dejando claro que un universo eterno no negaría la existencia de Dios: la creación se entendería como la dependencia del universo en el poder de Dios.

El universo cíclico

La finitud que denota la Gran explosión le molestaba a muchos científicos, quienes preferían la idea de infinito. Este modelo, del universo cíclico, sugiere una cadena infinita de universos, cada uno con su propio Big bang. En otras palabras, universos que nacen con una expansión, mueren al contraerse, dan lugar a otra expansión, etc. Estos ciclos auto-sostenibles regresan la idea del infinito a las teorías cosmológicas, pero no como un solo universo infinito, como se argumentaba antes, sino un número infinito de universos finitos, recordando a la mitología hindú.[54]Roger Penrose ha sido el cosmólogo más conocido que ha propuesto un modelo del universo así, señalando que el final de un universo como el nuestro se asemeja al comienzo de otro Big Bang.

El multiverso

Si no vives en una cueva, es seguro que ya has observado que la mayoría de las personas de nuestra época están fascinadas con la idea del multiverso. La gran pantalla ha sido la principal responsable de esto, probablemente. Pero eso no quita que algunos científicos hayan considerado este modelo del universo o, mejor dicho, universos,

---

[54] Esto va en contra de lo que propone el cristianismo, judaísmo y el islam, que presentan al tiempo de forma lineal.

como una realidad. Esto se derivada de las posibles soluciones de la teoría de cuerdas, y además pretende ofrecer una mejor explicación a nuestro universo, argumentando que la probabilidad de que un universo como el nuestro funcione son remotas. Ante esto, algunos filósofos han replicado que es más complejo postular un gran número de universos, y que es más simple defender que existe solo uno. Algunos físicos han mencionado que estas teorías no son ciencia, sino especulaciones, mientras que otros las defienden.

Conclusión

Aunque nos cueste aceptarlo, la única teoría capaz de explicarnos el orígen del universo es la del Big Bang. Ninguna otra teoría/modelo cuenta con dicho poder explicativo, y mucho menos con la abrumadora cantidad de evidencia del modelo estándar. Si algo hemos aprendido a lo largo de los últimos siglos es que, por más extraña que parezca una teoría, por más contraintuitiva, etc., si la evidencia la apoya, lo más probable es que sea verdad (siendo el ejemplo más evidente la teoría cuántica). Asimismo, el apoyo de muchas personas a cualquier pensamiento no sustenta su veracidad. Todo lo que nos rodea estuvo en aquel «átomo primigenio», algo horrorosamente pequeño que, por alguna razón desconocida, comenzó a expandirse. Nos guste o no, y por más revolucionaria que parezca esta teoría científica, no existe evidencia que la desmienta. Todo lo que nos rodea viene de una singularidad, algo que no se ha logrado explicar, pues simplemente es donde se rompen todas las leyes de la física.

Capítulo 6

¿6 000 o 4 500 000 000 de años?

Podría atreverme a afirmar, sin temor a equivocarme, que la mayor parte de las personas que creen que Génesis y la ciencia no pueden coexistir dentro de una misma cosmovisión, sin importar qué tanto interés tengan en teología o filosofía de la religión, lo creen por el asunto de la edad del universo; ya que, imagino, piensan que hay un desacuerdo bastante marcado entre la razón y la fe. A continuación, veremos qué tiene que decirnos la ciencia moderna sobre la edad de éste bello planeta.

El primer intento de darle una edad al planeta fue el propuesto por el arzobispo de Armagh, James Ussher, quien creía que teníamos que basarnos en la Biblia para conocer éste número. A pesar de que las Escrituras no hacen mención de dicha cifra, él concluyó que, según sus cálculos, la Tierra era de apenas unos 4 mil años.[55]

Si queremos pasar del origen del universo a la edad de la Tierra, será preciso pasar de la cosmología a la geología. Nicolás Steno, sacerdote y polímata danés, es considerado el padre de la geología. Él demostró que si podíamos estudiar el orden en el que se formaban los fenómenos geológicos conocidos como estratos, entonces seríamos capaces de demostrar cuál es el más antiguo, pues, por ejemplo, si tenemos dos que están superpuestos, el inferior será siempre el más viejo. Sus descubrimientos sentaron las bases para conocer la historia de nuestro planeta. Por lo que éste sacerdote dejó

---

[55] Véase James Ussher, *The Annals of the World*, (1650).

a entrever que la forma en que Usher quería datar la edad de la Tierra no era la correcta.

Más tarde, algunos científicos creyeron que el estudio de los fósiles sería de gran ayuda a la hora de plantear datar la edad de la Tierra, pues estos eran objetos de la naturaleza que antes habían sido seres vivos y conocer su edad podría ayudar a calcular la de la Tierra. La edad de la Tierra y de los primeros seres vivos, se creía, debería ser parecida.

A partir de allí, hubo muchos intentos de datar la edad de la Tierra, cada uno con distintas presuposiciones sobre el universo. Algunos concluyeron que el planeta tenía miles de años, otros que unas decenas de miles de años y algunos hasta millones. Averiguar dicho número desde la investigación de los fósiles parecía ser la solución, pero algunos creían que las catástrofes naturales como tsunamis, inundaciones, etc., pudieron haber destruido una gran parte de esta evidencia.

Finalmente, parecía que los geólogos se ponían de acuerdo en que la Tierra había surgido por cambios radicales provocados por violentos cambios en la naturaleza. Esta teoría conocida como catastrofismo y defendida principalmente el geólogo francés Georges Cuvier, afirmaba que los desastres naturales (v. g. terremotos, tornados, inundaciones, etc.) eran los responsables de que el estado actual de la Tierra fuera un producto relativamente reciente. Por el contrario, otro geólogo de la misma época pero ahora británico, Chales Lyell, defendió algo muy diferente: el gradualismo geológico. Él creía que los cambios en la naturaleza eran más lentos y hacía énfasis en la permanencia de las mismas leyes a lo largo de la historia del universo (uniformismo); por lo que deberíamos basarnos en ellas y en observaciones geológicas al datar la edad de la Tierra. Pasaron muchos años para que este pensamiento predominara. A pesar de que Lyell ya habría predicho que la Tierra era muy vieja en su obra *Principios de geología*, todavía no se sabía cuántos años tenía exactamente. Uno de los simpatizantes con el pensamiento de Lyeel fue Charles Darwin, quien llegó a calcular el tiempo que era necesario para erosionar un cierto número de estratos. Según él, la edad de la Tierra era de 300 millones de años, aproximadamente.[56]

Posteriormente, el físico William Thompson, Lord Kelvin, desde las matemáticas, dató la edad de la Tierra en unos 100 millones de años.

Pero no fue hasta que se descubrió la datación radiométrica, que se encontró un método fiable para datar la edad de las rocas y, así, calcular la edad que tiene nuestro planeta. La radiactividad fue descubierta apenas a finales del siglo XIX. Los átomos que son inestables, se descomponen, y lo hacen emitiendo radioactividad. Esto se debe principalmente a que tienen núcleos muy grandes que, gracias a la gran cantidad de protones, se desintegran liberando radiación. Lo que se hace es medir los átomos inestables de una roca y los átomos estables y, al compararlos, podemos calcular el tiempo que pasó desde que se formó esa roca.

Fue Ernest Rutherford, físico británico, quien hizo popular éste método para calcular la edad de materiales como las rocas. Él calculó que la Tierra tenía, aproximadamente, unos 500 millones de años. Siguieron haciéndose intentos durante muchos años; la datación que tenemos en la actualidad es relativamente reciente.

Después de la segunda mundial, éste tipo de datación fue aún más exacta, pues se tenía un mejor entendimiento de la radioactividad —en su parte, debido al Proyecto Manhattan—. Fue entonces cuando, en 1953, Clair Patterson, geoquímico estadounidense, determinó que la Tierra tenía, aproximadamente, sólo unos 4 500 millones de años. Una cifra mucho mayor a las anteriores, pero que ya se sospechaba.

---

[56] Véase, *How Old is the Earth*, Darwin Correspondence Project. Recuperado de: https://www.darwinproject.ac.uk/letters/darwins-works-letters/rewriting-origin-later-editions/how-old-earth

Para hacer esto, utilizó restos de un meteorito que, se creía, podría ser de la edad en la que se formó el sistema solar, junto con la Tierra, por lo que les fue útil.

Como mencioné, esta cifra sigue vigente en la actualidad, así que no hay mucha controversia sobre esto. Sin embargo, es importante saber cómo se llegó a esa cifra, para así entender de mejor forma la historia de nuestro planeta.

Conclusión

Los primeros intentos que se hicieron para calcular la edad de la Tierra fallaron enormemente, incluidos los intentos científicos. Pero esto se debe simplemente a que no se conocían con exactitud las caracerísticas físicas de la Tierra y sus componentes; además de que no existía un método preciso para datar las cosas. No fue hasta el siglo XX que comprendimos la radiación, y se creó la datación radiométrica.

Capítulo 7

La teoría de la evolución

Incluso hoy en día, es habitual escuchar a ateos decir «!Dios no existe porque evolucionamos!». Pero, ¿existe de verdad un dilema entre creacionismo y evolucionismo? ¿Qué nos dice la teoría de la evolución? ¿Es cierta? ¿Qué opinan los cristianos? ¿Qué dice la Biblia?

Todos hemos escuchado acerca de la travesía de Darwin por medio del Beagle.[57] Sabemos que viajó por el planeta durante años, especialmente recorriendo los alrededores de sudamérica. Sabemos que observó la gran diversidad de flora, fauna, tribus, etc., estudiando las diferencias entre ellas dependiendo del área en la que habitaban. Sabemos que, sin ser el iniciador de la idea, sus descubrimientos durante el viaje en el Beagle lo llevaron a proponer una nueva teoría de la evolución de las especies que además contaba con pruebas que la avalaban. Tenemos una idea de lo más destacado, ¿pero conocemos realmente lo que significa dicha teoría y las implicaciones antropológicas que tiene? ¿Nos hemos preguntado si se trata de una verdad científica o de una mera especulación?

I. Teoría de la evolución biológica: desde sus inicios hasta Darwin

Charles Darwin es conocido por ser el científico que más aportes dio a la teoría de la evolución biológica, por lo menos hasta su época. Sin

---

[57] Se recomienda leer al propio Darwin en su libro *The Voyage of the Beagle* (1839), basado en sus notas e investigaciones durante el viaje.

embargo, no fue el primero en hablar de una idea así. Anteriormente, Jean-Baptiste Lamarck, naturalista francés, puso sobre la mesa una hipótesis similar. Él argumentaba, de manera resumida, que los organismos evolucionan por la necesidad de adaptarse a las distintas circunstancias que enfrentaban; por ejemplo, el conocido ejemplo de la jirafa y el árbol, que ilustra la necesidad por parte de este animal de alcanzar el árbol para alimentarse, y es en virtud de dicha necesidad que su cuello, se supone, llegó a crecer de esa manera.[58] Por lo que la principal diferencia con la hipótesis de Darwin es cómo sucede esa evolución, que para Charles representaba la revolucionaria idea de la selección natural. Pero la idea básica —que evolucionamos— estaba ahí. También, se dice que el abuelo de Darwin, Erasmus, había tenido una idea similar, pero nunca llegó a realizar un trabajo formal al respecto y mucho menos con la evidencia del nivel de su nieto. Y, posteriormente, Alfred Wallace, biólogo británico contemporáneo a Darwin, también llegó a publicar al respecto, de hecho, incluso lo hizo con el propio Darwin, ya que coincidieron en torno a la idea de la selección natural.

A pesar de no ser una teoría puramente original, la hipótesis de Darwin presentada en su notable obra, *El origen de las especies*, venía con evidencia científica a su favor. Eso sí era completamente nuevo.

Para desarrollar su teoría, Darwin se basó principalmente en los animales, tanto en las diferencias que encontró entre especies cercanas, como en la influencia que tenían los criadores de animales en el desarrollo de sus especies (selección artificial). El ejemplo

---

[58] Para leer sobre sus ideas y sobre cómo estas están renaciendo en la epigenética, léase Richard W. Burkhardt, Lamarck, Evolution, and the Inheritance of Acquired Characters, *The Genetics society of America*, (2013).

clásico es el de los pinzones de Darwin.[59] Estas distintas especies de pájaros en las islas galápagos, aunque diferentes, parecían guardar una enorme relación. Analizando pinzones que recogió Darwin de las islas galápagos, se llegó a la conclusión de que las pequeñas diferencias entre estas aves de la misma familia (el tamaño y, especialmente, el pico) eran debido a los cambios ambientales entre sus hábitats. En otras palabras, los cambios en el pico se debían a que las especies que tenían un pico adecuado para ingerir el alimento disponible en su hábitat, eran las que sobrevivian y pasaban sus genes a su descendencia; mientras las que no contaban con la anatomía y fisiología necesaria para consumir su alimento, o no resultaban lo suficientemente nutridos para reproducirse, simplemente perecían y sus genes no se pasaban a nadie. Es decir, había actuado la selección natural. Los organismos mejor adaptados para sobrevivir, eran los que tenían descendencia. Por lo tanto, hay dos palabras claves: supervivencia y reproducción.

En este caso, los pájaros que son capaces de adaptarse a otra región —clima, comida y ambiente— son los que sobreviven, resultando así los más propensos a reproducirse. Pero también, los pájaros que contaban con variaciones perjudiciales para su vida, no sobrevivían. Este mecanismo descrito por Darwin es una de las claves de su teoría, y fue lo que lo diferencía de las propuestas anteriores (además de la evidencia científica que da en su obra). La selección natural, según el mismo Darwin, hace referencia a:

Viendo que indudablemente se han presentado variaciones útiles al hombre, ¿puede, pues, parecer improbable el que, del mismo modo, para cada ser, en la grande y compleja batalla de la vida, tengan que presentarse otras variaciones útiles en el transcurso de muchas generaciones sucesivas? Si esto ocurre, ¿podemos dudar —recordando que nacen muchos más individuos de los que acaso pueden sobrevivir— que los individuos que tienen ventaja, por

---

[59] Este es un ejemplo de una rápida especiación debido a la necesidad de adaptarse a un determinado nicho ecológico.

ligera que sea, sobre otros tendrían más probabilidades de sobrevivir y procrear su especie? Por el contrario, podemos estar seguros de que toda variación en el menor grado perjudicial tiene que ser rigurosamente destruida. A esta conservación de las diferencias y variaciones individualmente favorables y la destrucción de las que son perjudiciales la he llamado yo selección natural o supervivencia de los más adecuados.[60]

A pesar del gran trabajo que hizo durante los años en el Beagle y su registro de ellos en su conocido libro, Darwin no logró explicar al 100 % cómo sucedía este proceso evolutivo; pero eso se debe a que tenía el problema de ser un hombre de su tiempo, pues los fósiles hubieran sido de gran ayuda para él, pero el registro de su época era muy pobre, sumado a que el conocimiento sobre genética, que después cubrió algunos huecos de la teoría, era prácticamente inexistente. Fue desde que el padre de la genética, Gregor Mendel, sacerdóte católico romano y botánico, publicó sus hallazgos, que el conocimiento sobre esta área creció. Richard Dawkins lo pone así en su obra maestra *El gen egoísta*:

El gran acierto de Gregor Mendel fue demostrar que las unidades hereditarias pueden ser consideradas, en la práctica, como partículas indivisibles e independientes.

Y Dawkins desarrolla:

Lo que yo he hecho es definir al gen como una unidad, la cual, en un alto porcentaje, se aproxima al ideal de singularidad indivisible. Un gen no es indivisible, pero rara vez es dividido… Un gen viaja intacto del abuelo al nieto pasando directamente a través de la generación intermedia sin haberse combinado con otros genes. Si los genes se fusionaran continuamente con otros la selección natural, según ahora la entendemos, sería imposible. A propósito, ello fue probado en vida de Darwin y fue para él causa de gran

---

[60] Charles Darwin, *El origen de las especies*, cap. 4.

preocupación, pues en aquellos tiempos se suponía que la herencia era un proceso de mezcla o combinación. El descubrimiento de Mendel ya había sido publicado y hubiese podido ayudar a resolver el problema de Darwin, pero, desgraciadamente, él nunca se enteró: parece que nadie lo leyó hasta años después de la muerte de Darwin y de Mendel.[61]

Y fue en el siglo XX, finalmente, donde, por medio de los avances de la genética, se cubrieron algunos huecos de esta teoría y se hizo un gran avance en la comprensión de uno de los pilares de la evolución conocido como especiación, que más adeante explicaremos.

II. Detractores y teorías alternativas

Autores como los estadounidenses Michael J. Behe, doctor en bioquímica y senior fellow del Center for Science and Culture del Discovery Institute y Stephen C. Meyer, geofísico, doctor en filosofía de la ciencia y también senior fellow del Discovery Institute, han defendido su teoría conocida como «Diseño inteligente». Behe, en sus obras como *Darwin's Black Box: the Biochemical Challenge to Evolution*[62] y *Darwin devolves: the new science about DNA that challenges evolution*, sugiere que Darwin llegó a la conclusión de su teoría porque tenía pobre conocimiento sobre la complejidad de la naturaleza, como cualquier científico de su época; ya que la ciencia moderna —en especial la bioquímica— nos ha revelado que los organismos son más complejos de lo que pensábamos y parecen tener un propósito. Por ejemplo, la misma célula, unidad fundamental de la vida. Darwin pensaba que la célula era más simple de lo que hoy conocemos. Según Behe, estructuras como el flagelo bacteriano o hasta el sistema inmunitario son demasiado complejas como para ser

---

[61] Richard Dawkins, *The Selfish Gene*, (Oxford University Press, 2016), 42-43.
[62] Michael J. Behe, *Darwin's Black Box*, (Free Press, 2001).

productos de la selección natural. Es aquí donde introdujo la idea de un sistema de irreducible complejidad. En su libro Darwins Black Box él dice:

Al hablar de *irreducible complejidad* yo hablo de un sistema sencillo compuesto por varias partes bien engranadas que interactúan entre sí y contribuyen a la función básica, en el que si se llegara a remover cualquiera de esas partes, haría que el sistema dejara de funcionar efectivamente.[63]

Por otro lado, los principales argumentos de Stephen Meyer son la complejidad del ADN y la «explosión cámbrica». En su libro, *Signature in the Cell: DNA and the Evidence for Intelligent Design,*[64] defiende el «Diseño inteligente» desde la complejidad. Él alude al descubrimiento de Watson y Crick sobre el ADN y cómo este despertó en algunos científicos el pensamiento de que la biología parece tener un diseño inexplicable únicamente por las leyes de la física y procesos naturales. Concluye, además, que esta teoría tiene un mayor poder explicativo:

(…) la hipótesis del diseño proporciona la mejor, la más causal explicación adecuada del origen de la información necesaria para producir la primera vida en la tierra.[65]

Asimismo, En su libro, *Darwin's Doubt: The Explosive Origin of Animal Life and the Case for Intelligent Design,*[66] alude a los fósiles que hacen falta para que la teoría de Darwin sea cierta, y es que, en el fenómeno conocido como la «explosión cámbrica», aparecieron

---

[63] Michael J. Behe, *Darwin's Black Box: The Biochemical Challenge to Evolution,* 39.
[64] Stephen C. Meyer, *Signature in the cell: DNA and the Evidence for Intelligent Design,* (HarperOne, 2010).
[65] *Ídem.*
[66] Stephen C. Meyer, *Darwins doubt: The Explosive Origin of Animal Life and the Case for Intelligent Design,* (HarperOne, 2013).

diversas especies en un período de tiempo muy corto y, hasta ahora, no se han encontrado los restos fósiles de sus antecesores. Incluso hace referencia a la obra de Darwin, *El origen de las especies,* puesto que el mismo Darwin mencionó que tal suceso es un problema para su teoría, al tratarse de un ejemplo en el que las reglas de la evolución no se cumplen. Meyer argumenta que todo esto hace imposible la teoría de la evolución tal y como se conoce:

Durante este período geológico, muchas criaturas nuevas y anatómicamente sofisticadas aparecieron repentinamente en las capas sedimentarias de la columna geológica sin ninguna evidencia de formas ancestrales más simples en las capas anteriores de abajo, en un evento que los paleontólogos ahora denominan explosión cámbrica.[67]

De igual manera, los defensores del «Diseño inteligente» sostienen que, explicaciones como la de los pinzones de Darwin, hacen referencia a la «microevolución», que no es más que ligeros cambios dentro de una misma especie; pero, añaden, no tendría por qué inferir que hay cambios de una especie a otra (macroevolución), como lo afirman los darwinistas. Es decir, sostienen que la selección natural existe y ocurre diariamente, pero que esta tiene límites.

Por lo tanto, si hay un asunto en el coinciden ambas posturas, es en que, de alguna forma, evolucionamos. Pues la microevolución, que sostienen tanto los defensores del «Diseño inteligente» como los actuales neo-darwinistas, nos habla de cambios tales como los podríamos tener los humanos durante distintos períodos de tiempo sin necesidad de cambiar de especie. Es en el tema de la macroevolución donde no están de acuerdo. Un ejemplo de esta sería la aparición de mamíferos y aves desde reptiles, con el paso de millones de años.

---

[67] Stephen C. Meyer, *Darwins doubt: The Explosive Origin of Animal Life and the Case for Intelligent Design*, Part one: The mystery missing fossils. Darwin's nemesis.

¿Dos universos diferentes?

Si repasamos los pilares en los que coinciden y en los que discrepan, llegaríamos a que las dos posturas sostienen que las especies evolucionan de uno u otro grado y a que la selección natural ocurre y la hemos visto en acción. Pero los defensores del DI creen que hay límites en las mutaciones, que no venimos de otras especies gracias a un proceso evolutivo gradual de millones de años.

Me gustaría aclarar, además, que los defensores del «Diseño inteligente» no recurren a textos sagrados para defender su postura, sino que se basan en evidencia científica —al menos hasta cierto punto—. Pero, ¿qué nos dice la ciencia moderna?

III. Avances en la biología

Evidentemente, al tratarse de temas científicos, tenemos que recurrir a la ciencia para ver quién tiene razón. A pesar de que la mayoría de los biólogos, bueno, casi el 100 % en realidad, defienden la teoría de la evolución, analizaremos las objeciones prestadas por los defensores del DI y, de igual forma, intentaremos ver qué tanto poder explicativo tiene la teoría de la evolución.

Según lo que escribe Jerry Coyne, biólogo evolucionista de la Universidad de Chicago, en su libro *Why evolution is true*, la teoría de la evolución es cierta basándonos en 5 hechos[68]. Veamos cuáles son y si tienen evidencia a su favor:

1. **Las especies evolucionan con el tiempo** – Las especies tienen cambios genéticos con el tiempo, es decir, cambios en su ADN que los hacen parecer algo diferente.

---

[68] Jerry Coyne, *Why evolution is true*, (Oxford University Press, USA), 3.

2. **Las especies evolucionan de forma gradual** – Toma, literalmente, hasta millones de años para que una especie tenga cambios sutanciales.

3. **La especiación ocurre** – Llega un momento en el que una especie se divide en dos o más especies (cambio de una especie a otra)

4. **Todas las especies comparten un ancestro común** – Derivado de la especiación podemos llegar a esta conclusión.

5. **La evolución ocurre por selección natural, en su mayoría** – Los organismos mejor adaptados toman ventaja sobre los menos adaptados y sobreviven, pasando sus «buenos» genes y provocando la variación genética

Primero, por medio de los fósiles podemos ver que la vida cambió con el tiempo y los organismos más simples anteceden a los complejos. Por lo que, al menos algún tipo de evolución ocurre.

Del mismo modo, con el registro de los fósiles debemos ser capaces de ver el cambio gradual en las especies. Y a pesar de que, por razones que eran de esperarse, el registro fósil no está completo, sí podemos apreciar que aparecieron ciertos cambios.

Si la especiación ocurre, debemos ser capaces de encontrar ancestros comúnes en los fósiles. Un ejemplo sería el de los reptiles y las aves. Sabemos que los reptiles fueron primero, eso nos dice la tierra; pero también sabemos que en un momento, mucho tiempo más tarde (millones de años), aparecieron las aves. Además estos tienen una gran cantidad de características en común, por lo que la tesis más plausible es que ciertos reptiles evolucionaron a aves. De encontrar un ancestro común, es decir, un reptil que mostrara por primera vez carcaterísticas tanto reptilianas como de algunas cuantas de aves contemporáneas, estaríamos comprobando la tesis tanto de que ocurre la especiación como de que todas las especies tienen un ancestro común.

Con estos pasos ya seríamos capaces de comprobar que la evolución ocurre, y no solo la microevolución (ligeros cambios entre especies) sino que la macroevolución (grandes cambios que derivan otras especies); pero también debemos saber cómo es que esto sucede. Según Darwin, el proceso que produce estos cambios es, en su mayoría, la selección natural. Si esto sucede, según Coyne, debemos encontrar pruebas de que:

Si los individuos dentro de una especie varían genéticamente el uno del otro, y algunas de esas diferencias afectan la habilidad de un individuo de sobrevivir y reproducirse en su ambiente, entonces en la siguiente generación los genes "buenos" que llevaron a más supervivencia y reproducción tendrán relativamente más copias que los genes "no tan buenos".[69]

IV. La otra genialidad de Darwin

Intentando mantenerme en los propósitos de este texto, ahorraré un poco de tiempo al ir directo a algunas de las objeciones prestadas por los negacionistas de esta teoría científica.

Primero, ciertas características de las especies que parece imposible que hayan llegado a ser por medio de la evolución, incluso sirven de apoyo a esta teoría. Por ejemplo, los detalles en hermosas aves como el pavo real. Algunos defensores del diseño inteligente afirman que su cola, debido a sus formas, colores, etc., y a cómo luce cuando se abre en los rituales de apareamiento, no parece ser el resultado de la evolución. Además, añaden, tener estas características tan llamativas para los depredadores y esa cola tan grande, parecen ser más bien inconvenientes para que suceda la selección natural; es

---

[69] Jerry Coyne, *Why evolution is true*, 11.

La teoría de la evolución

decir, que sobrevivan pasando sus genes a sus crías y ganando en la batalla de la supervivencia. Pero no podrían estar más equivocados. Estos detalles que vemos en tantos animales simplemente comprueban la segunda parte clave de la teoría de la evolución: la selección sexual.

Para que ciertas características genéticas se acumulen de forma gradual y produzcan variaciones entre especies, no hace falta solo la supervivencia, pues un animal puede sobrevivir los años que quiera y nunca pasar sus genes. El otro punto clave es la reproducción. Un animal gana en la batalla de la vida cuando sobrevive el tiempo suficiente como para reproducirse. Mientras más veces mejor —hablando de machos, pues las hembras tienen un número limitado de óvulos—.

En el caso de estos animales (los pavos reales), el tamaño de sus colas y el número de las manchas oculares en estas parece ser fundamental a la hora de reproducirse. Las hembras, por alguna u otra razón, se deciden por el animal con la cola más larga y el mayor número de manchas oculares. Las hembras toman la decisión al momento de reproducirse, por lo que prácticamente todas se reproducen para el final de su vida —mientras solo un bajo porcentaje de los machos lo hace—.

Conociendo eso, es razonable pensar que los machos tengan características diferentes a las hembras, puesto que solo los más bellos hacen sobrevivir a sus genes. Es por eso que las hembras suelen ser animales más simples, debido a que no necesitan «llamar la atención» de esa forma, además de que dichas hembras llamativas podrían atraer depredadores, lo que provocaría que terminaran muertas y con sus genes sin pasarse a nadie —un ejemplo de selección natural de libro de texto—. Eso produce lo que se conoce como dimorfismo sexual, que brevemente se refiere a las diferencias anatómicas y fisiológicas entre sexos de la misma especie, que se generan gracias a que los machos las necesitan para reproducirse, mientras las hembras no los requieren.

V. Problemas con el DI

A pesar de que los evolucionistas se basan principalmente en evidencia científica para defender su tesis y refutar la del DI, me es necesario mostrar cuáles son mis principales inquietudes con esta propuesta desde la filosofía. Recordemos que la ciencia sola no dice nada, pues hace falta interpretarla.

Primero, respondiendo a la objeción de la explosión cámbrica, los organismos que surgieron en este período eran primitivos, y la complejidad llegó mucho después, por lo que no fue necesaria la misma cantidad de años que posteriormente permitió dicha evolución. Segundo, no podemos basarnos en la improbabilidad de algo para decir que no es verdad, y mucho menos para dar un salto epistémico y decir que, si la ciencia no puede explicarlo, entonces tuvo que haber sido hecho por una mente inteligente. Me explico. Como mencioné anteriormente, no niego que los defensores de esta postura usen ciencia, nunca diría tal cosa. El problema es que no puedes basarte en que algo parece muy difícil de haber llegado a ser lo que es por medio únicamente de las leyes de la naturaleza, y desde ahí decir que necesita de un diseñador. Tal como lo dice Santiago Collado, profesor de filosofía de la naturaleza y parte del grupo «Ciencia, razón y fe» de la Universidad de Navarra:

Pienso que el problema más importante que tiene el DI consiste en que, desde la biología o la física, y con más razón desde las matemáticas, es metódicamente inalcanzable la noción de diseño, tal como se concibe dentro del movimiento: disposición intencional de las partes. Es injustificado el salto metódico desde la improbabilidad al diseño, llámese complejidad irreductible o complejidad especificada (otra formalización de la CI, propuesta por Dembski). Se incurre en incongruencia, porque la probabilidad o improbabilidad de alcanzar una determinada complejidad en una estructura no autoriza en general a hablar de inteligencia. Esta se mueve en un plano metódico distinto. Desde la matemática "no se sabe" lo que es la inteligencia, y menos aún desde la probabilidad.[70]

Ahora, sé cuál podría ser una respuesta a esto. Cuando vemos un edificio, evidentemente pensamos que fue hecho por un «diseñador inteligente». El problema es que esto es perfectamente lógico en un plano en el que el diseñador inteligente ya se conoce y forma parte de esta misma naturaleza. El problema es que, en el caso del DI, el diseñador misterioso se desconoce y está por encima de la misma naturaleza. Cito de nuevo al profesor:

En realidad, en la inferencia de diseño que se hace en relación con lo artificial, el salto está justificado, porque ya se sabe que la inteligencia existe, y sólo se quiere determinar si ha intervenido o no. Pero la inteligencia es entonces un a priori, y de ahí inferimos si algo ha surgido de manera natural, accidental, o ha sido construido por el hombre. Si nos referimos al mundo natural, la inteligencia no debería considerarse como un a priori. No se trata de determinar si lo natural es artificial, que es la pregunta absurda a la que se podría responder con el método propuesto.[71]

Y con esto no estoy diciendo que la naturaleza no parezca diseñada ni mucho menos. Soy teísta, sé que Dios ha diseñado todo, en lo que discrepo es en el método con el que se afirma que esto sucedió. Dios puede usar distintos métodos para crear, pero al ir de improbabilidad científica a diseño, cometemos un error. Esto, aclarando para evitar confusiones, que el hecho de la evolución es muy distinto al de la creación, ya que la evolución de los organismos (ya sea micro o macroevolución) es estudiada por la ciencia, porque la ciencia natural

---

[70] Francisco J. Soler y Manuel Alfonseca, *60 preguntas sobre ciencia y fe: Respondidas por 26 profesores de Universidad*, (Madrid: Stella maris, 2014), 128-34; junto con Santiago Collado, artículos en Grupo Ciencia, Razón y Fe, Universidad de Navarra.
[71] *Ídem.*

estudia los cambios materiales que ocurren en la naturaleza. Por otro lado, el hecho del origen del universo o la doctrina de la creación no es asunto de la ciencia, sino de la metafísica. La existencia del universo a partir de la nada, de este universo donde se encuentra la física, se estudia desde la filosofía. No podemos hacer saltos epistémicos. La ciencia no puede afirmar ni negar a Dios. Pero si puede darnos pistas de la razón del universo.

Conclusión

Resumiendo, no podemos afirmar cualquier cosa desde la ciencia. La ciencia tiene límites, y los propios científicos los conocen. Parece que suscribimos al materialismo cuando intentamos derivar todo conocimiento de la ciencia. Como lo dice Santiago Collado al final de su magistral artículo: «Lo incoherente es afirmar o negar desde la ciencia lo que su método no alcanza».[72]

Por último, es necesario reconocer que estos científicos hacen uso de evidencia al defender sus teorías, y deben ser respetadas. Y, si bien pienso muy distinto a ellos, creo que cualquier teoría está abierta. Así funciona la ciencia. Asimismo, lo que afirma el DI debe ser comprobado desde la ciencia, y si la teoría logra avanzar desde ese campo, excelente, pero ahora la teoría de la evolución —y desde hace años— es consenso y no tiene otra teoría que tenga tal poder explicativo, que haya sido probada tantas veces y que parezca, a los ojos de la comunidad científica, un hecho incontrovertible.

---

[72] Francisco J. Soler y Manuel Alfonseca, *60 preguntas sobre ciencia y fe: Respondidas por 26 profesores de Universidad*; junto con Santiago Collado, artículos en Grupo Ciencia, Razón y Fe, Universidad de Navarra.

Parte III

Conclusiones Finales

Capítulo 8

Analizando el «dilema»

La fe y la razón son como las dos alas con las cuales el espíritu humano se
eleva hacia la contemplación de la verdad.

—Juan Pablo II

Durante los capítulos anteriores se han discutido tanto las posturas de
la fe cristiana como de la ciencia moderna en torno a los orígenes. No
obstante, para poder comparar estas perspectivas hace falta saber qué
es la ciencia, cuál su área de estudio y su propósito.

En la época actual, la gente suele creerse cualquier cosa cuando,
previo a una cierta afirmación, se dice «la ciencia dice que» o «según
la ciencia». Parece como si pudieras refutar cualquier argumento con
esa simple sentencia. Sin embargo, la mayor parte del tiempo esto
afecta negativamente a una discusión y se terminan creyendo
disparates y necesades sin ningún fundamento argumentativo. Un
ejemplo que ilustra este problema con nitidez son los artículos y
noticias que se comparten día a día en las redes sociales. Cada vez es
más fácil crear un teléfono descompuesto de desinformación, pues
basta con decir «los científicos dicen».

¿Por qué pasa esto? Bueno, una razón es la imagen que se tiene en
este tiempo sobre la ciencia. Lamentablemente, se ha introducido a
nuestra mente el cientificismo. Creemos que solo el conocimento
científico es sinónimo de verdad y que los científicos tienen la última
palabra, incluso en áreas divergentes al conocimiento experimental.

Y no intento criticar a la ciencia, sino a los que no conocen el
significado de esta. El propósito de la ciencia no es decirnos *qué* es

109

la gravedad; Newton y Einstein fueron capaces de presentarnos modelos precisos de *cómo* funciona este fenómeno, pero no más allá. La ciencia no nos dice *por qué* existe este universo. Podemos entender *cómo* funciona hasta cierto punto, pero tendremos que buscar el *porqué* en otro lado.

Durante toda la historia de la humanidad, los científicos habían sido simultáneamente filósofos, como Aristóteles, Descartes, Leibniz, Newton o recientemente, Karl Popper. Pero ahora parece que se tiene una imagen nagativa y repulsiva de lo que no se llama ciencia, por ejemplo, la filosofía. Pero esto es un grave error. La misma ciencia cuenta con presuposiciones filosóficas que no son producto del método científico. Cuando un cientificista dice «la ciencia es la única poseedora de la verdad», deja de ser un científico y se convierte en filósofo —a quien tanto critica—. Pero veamos de qué hablo.

El filósofo René van Woundenberg, clasifica dichas presuposiciones de la ciencia en tres categorías:

Hay, primero, presuposiciones metafísicas, es decir presuposiciones acerca del mundo. En segundo lugar hay presuposiciones epistemológicas en un sentido amplio, es decir presuposiciones acerca de nuestras capacidades para investigar el mundo. Y en tercer lugar hay presuposiciones normativas, es decir, presuposiciones acerca de lo que se debería hacer o no, y acerca de lo que es bueno y lo que es malo en el quehacer científico.[73]

Un ejemplo de presuposición metafísica sobre el universo es que el cosmos es inteligible. Con un cosmos inteligible me refiero a que los científicos son capaces de hacer su trabajo porque nuestro universo

---

[73] René van Woundenberg, Las presuposiciones de la ciencia (del movimiento humano*), (Pensar En Movimiento: Revista de Ciencias del Ejercicio y la Salud*, 2017), 19.

tiene un orden, unas leyes naturales que se cumplen y patrones a estudiar que el día de mañana serán los mismos.

He oído un sinnúmero de veces a los escépticos decir que nuestro mundo es un caos total. Si esto fuera cierto, la ciencia no sería posible. Una predicción científica es posible solo en un universo que se puede estudiar de forma racional. Van Woundenberg lo dice así:

Para ver esto, supongamos que no hiciéramos esa presuposición [que la naturaleza es regular y constante]. Supongamos, por ejemplo, que no damos por entendido que los músculos humanos, en condiciones similares y en contextos similares, se comportarían de un modo similar. Entonces no podríamos llegar a conclusiones generales acerca del comportamiento de los músculos humanos. Pero resulta que sí llegamos a esas conclusiones generales.[74]

Por otro lado, la presuposición epistemológica que, en mi opinión, debería causar más impresión en los ateos cientificistas, es que los seres humanos somos racionales y que podemos usar nuestras facultades humanas para obtener conocimiento confiable. Probablemente, el filósofo que más ha puesto en duda esto es Alvin Plantinga. Este gran pensador ha hecho popular un argumento llamado «argumento evolutivo contra el naturalismo».[75] En él, básicamente argumenta que, si nuestras creencias son producto de un sistema que prioriza —o busca— la supervivencia (selección natural), y no de uno que prioriza creencias verdaderas, y además el naturalismo es verdadero (es decir, no existe Dios), entonces la probabilidad de que nuestras facultades —como la mente— sean confiables, es baja o prácticamente nula. Por lo tanto, el naturalismo y el evolucionismo no pueden ser verdad ambas al mismo tiempo.

---

[74] René van Woundenberg, Las presuposiciones de la ciencia (del movimiento humano), (*Pensar En Movimiento: Revista de Ciencias del Ejercicio y la Salud, 2017*), 20.
[75] Véase Alvin Plantinga, *Warrant and Proper Function*, (New York: Oxford University Press, 1993).

¿Dos universos diferentes?

Con esto quiere decir que la ciencia presupone que nuestras facultades deben ser perfectamente confiables para llegar a conocimiento objetivo y verdadero, pues no lo argumenta de ninguna forma. Confíamos en ello, así como los físicos confían en los axiomas de la geometría euclidiana. Es importante aclarar que Plantinga no está presentando un argumento en contra de la teoría de la evolución; más bien, argumenta con lucidez que, en un mundo en el que dicha teoría es cierta, el naturalismo no podría ser verdad, o por los menos, sería una creencia irracional. Pero ¿acaso en esto el teísmo esto es diferente? Más adelante lo veremos.

Por último, las presuposiciones normativas. Muchas veces incluso los filósofos se olvidan de estas, pero importan al mismo grado. Las más importantes son las éticas. Los científicos presuponen que su trabajo científico se debe guiar por una cierta ética. Esto pasa en todas las disciplinas, aunque quizá lo notemos más en algunas como la medicina. Un ejemplo es la bioética, que ha tomado más importancia en los últimos años en conflictos políticos como el aborto o la eutanasia. Hay ejemplos de normas que se siguen en cualquier disciplina como no hacer plagio o no falsificar datos, tener cuidado con los experimentos que involucren animales y aún más con humanos.

Ya conociendo las presuposiciones de la ciencia, queda claro que hay otras respuestas que no podemos buscar usando el método científico. Si lo que se busca es saber si es posible concicliar la fe y la ciencia, no hay mejor manera de descubrirlo que desarrollando un sistema de pensamiento coherente que involucre a ambas. Si, de esta manera, encontramos que una forma de ver al mundo meramente atea, materialista y reduccionista no es más simple ni más plausible que la de la fe cristiana, y que esta última no necesariamente afirma nada que vaya en contra de los hechos científicos (o incluso va en armonía con estos), quedará claro que no existe dilema entre ciencia y fe, pues el cristianismo, junto con la ciencia moderna, daría una respuesta más completa, bella y satisfactoria a nuestra existencia.

La fe: ¿una enemiga del avance científico?

Antes de pasar a comparar las tesis teístas y científicas, es preciso dejar claro que la ciencia moderna es producto del rechazo de las ideas paganas acerca del universo, y del trabajo de los eruditos cristianos de la época medieval.

La mayoría de las personas han escuchado que en la Edad Media las personas eran completamente ignorantes y rechazaban cualquier intento de ciencia, pero la realidad es que, gracias a los grandes pensadores medievales y principalmente a los teólogos cristianos de la época, es que sucedió la revolución científica.

Contrario a la opinión popular, en el mundo académico esto siempre se ha conocido. Los filósofos e historiadores de la ciencia (tanto cristianos como no cristianos) lo han repetido una y otra vez. Y es que un ligero conocimiento sobre la historia del desarrollo científico es más que suficiente.

Alfred North Whitehead, quien fue un gran filósofo y matemático, escribió que «La fe en la posibilidad de la ciencia se generó, antes del desarrollo de la teoría científica moderna, como una consecuencia inconsciente de la teología medieval». [76] De la misma manera y más recientemente, James Hannam, historiador y filósofo de la ciencia, escribió *God's Philosophers: How the Medieval World Laid the Foundations of Modern Science*, en el que argumenta que, sin el trabajo de los teólogos y eruditos medievales, nunca hubieran existido los grandes partícipes de la revolución científica como

---

[76] Alfred N. Whitehead, *La ciencia y el mundo moderno*, (1925).

Newton y Galileo; además de que refuta populares mitos sobre esta controvertida época.[77]

Las presuposiciones de la revolución científica

Ya mostramos que la ciencia no se prueba a sí misma, y que tiene una base filosófica. Dicha base cuenta con presuposiciones metafísicas, epistemológicas y normativas. Pero además de explicar esto, me es necesario argumentar que estas presuposiciones, no solo es que no se puedan explicar vía método científico, sino que solo una cosmovisión cristiana es capaz de justificarlas.

El científico cristiano goza de seguridad en ciertas presuposiciones filosóficas que son insostenibles sin la existencia del dios cristiano. La creencia en Dios les dio la seguridad de que, mediante la prueba y error, se encontrarían patrones en la naturaleza mediante modelos idealizados de la realidad, y que esos modelos se basarían en unas leyes constantes perfectamente ajustadas para el hecho de la ciencia.

Volviendo a los supuestos metafísicos, los cristianos dejaron atrás la idea pagana de que la naturaleza es divina, es decir, que hay ciertos fenómenos u objetos en la naturaleza que representaban a deidades; se creyó en un Dios creador de estas, de la naturaleza y, por tanto, de unas leyes inteligentemente diseñadas (v. g., se dejó de pensar en los objetos celestes como divinos, de la forma en la que lo hacían los griegos, para de esa forma estudiarlos). Por ejemplo, la idea de Galileo del mundo escrito en lenguaje matemático. Fue el primero de muchos científicos eb la historia en decir algo similar, lo que nos lleva a pensar que debe haber un gran matemático detrás del universo.

---

[77] James Hannam, *God's Philosophers: How the Medieval World Laid the Foundations of Modern Science,* (Icon Books, 2010).

Del lado epistemológico y de nuestra capacidad de hacer ciencia, podemos recurrir a la doctrina del Imago Dei, que nos hizo pensar en nosotros no solo como otro animal, sino como un ser con una capacidad pensar racional y única.

Por último, las normativas. La ética cristiana se basa en un fundamento sólido (la existencia de un Dios, un ser máximamente perfecto) e inmutable. Si vivimos como si existieran valores morales objetivos e incluso los incluimos en nuestras prácticas científicas, debemos justificarlos, de otra forma no podríamos defender que es necesario ajustarse a ellos. Y la única forma de justificarlos es el cristianismo. ¿Por qué estuvieron mal los brutales experimentos médicos nazis?[78] ¿O el experimento Tuskegee?[79]

Contrariamente a los fundamentalistas cristianos de nuestra época, los primeros cristianos, y hasta el siglo XVIII, defendieron la revelación de Dios en dos libros: el de la naturaleza y la Biblia. Pero, aunque las ideas acerca del universo que defendió el cristianismo sirvieran para el desarrolllo de la ciencia moderna, y sin importar si los científicos que iniciaron con esta revolución eran en su mayoría cristianos, esto no nos dice nada sobre si el Génesis contradice o no a la ciencia. Son temas distintos. Incluso cuando una cosmovisión cristiana da respuesta a las preguntas que no caben en el método científico, y a las presuposiciones de la ciencia, tenemos que comparar sus versiones sobre las distintas etapas en la historia del universo. ¿Podría ser que el cristianismo, un gran aliado de la ciencia, e incluso uno de sus padres, falle al comparar sus creencias sobre los orígenes con los hechos de la ciencia actual?

---

[78] Por ejemplo, los experimentos de Herta Oberheuser o Josef Mengele.
[79] Estudio de varias décadas en el que se experimentó con cientos de afroamericanos para mejorar el tratamiento del sífilis.

II. El comienzo

Podemos hablar de este evento como un comienzo. No digo una creación. Físicamente es un comienzo en el sentido de que si algo sucedió antes, no tiene influencia observable en el comportamiento del universo... La pregunta de si realmente fue un comienzo o más bien una creación, algo que comenzó de la nada, es una pregunta filosófica, que no puede resolverse por consideraciones físicas o astronómicas

—George lemaître

Previamente vimos algunos ejemplos de grandes pensadores que defendieron el finitismo causal, esto es, la postura de que nada puede tener una historia causal inifinita. Han existido pensadores que lo hicieron con una intención apologética, como Al-Ghazali, para defender el pasado finito del universo y, por tanto, la existencia de Dios. En la época actual, el aclamado William Lane Craig se ha servido de esto para defender su argumento cosmológico en favor de la existencia de Dios conocido como Kalam; pero no es el único. Otros grandes filósofos como Robert Koons y Alexander Pruss han formulado distintas paradojas para argumentar de manera incontrovertible que es imposible un pasado inifinto.[80]

Y bien, ¿algún día sabremos con certeza si el universo es finito? ¿El génesis nos cuenta la misma historia que el Big Bang? Para responder la pregunta, podríamos citar a distintos pensadores dentro y fuera del cristianismo. El físico Francisco González de Posada, por ejemplo, ha hablado de cómo el surgimiento de la teoría del Big Bang

---

[80] Por ejemplo, la paradoja del Grim Reaper, en la que se dice que, si hubiera una cantidad infinita de Grim Reapers, ninguno te habría asesinado al pasar la medianoche, negando así la posibilidad de un infinito actual.

despertó dos bandos de opiniones contrastantes: por un lado, los que lo utilizaron para promover su ateísmo salvaje, argumentando que era una hipótesis falsa usada para promover la creencia en Dios (con Fred Hoyle como líder), y del otro, los que vieron en tal modelo una prueba de la creación (Pío XII, por ejemplo).[81] Por otro lado, pensadores tomistas como la profesora de astronomía de la universidad de Harvard, Karin Öberg o el físico y sacerdote Thomas Davenport, sugieren que el Big Bang no es un evento de creación, porque de otra forma no lo estudiaría la física, pero que sí es un evento que está en armonía con la creación desde el punto de vista cristiano. Recordemos que la *creatio ex nihilo* no podría defenderse desde el punto de vista científico, sino el filosófico.

En los últimos años, ha crecido exponencialmente un área llamada filosofía de la cosmología. Podemos decir que es una subárea de la filosofía de la ciencia. En esta participan tanto teólogos como filósofos y físicos. Básicamente se reflexiona sobre los «hechos científicos» y se intenta argumentar sobre sus implicaciones filosóficas. Un buen ejemplo es, a la luz de las teorías sobre el origen y la evolución del universo, preguntarnos si hubo creación o no. En esta pregunta, en concreto, suelen ser las personas que carecen de formación filosófica las que, sin siquiera considerarlo, responden con «no» a la pregunta. Los que, en lugar de tener una rigurosa formación en un área determinada, conocen a profundidad diversas áreas del conocimiento, son más abiertos ante esta pregunta. Podemos recordar lo que dijo Ortega y Gasset: «generación tras generación, el hombre de ciencia ha ido constriñéndose, recluyéndose, en un campo de ocupación intelectual cada vez más estrecho».[82] Esto hace que, como

---

[81] Francisco González de Posada, *Teología de la creación del universo: Y la relación de Dios con su obra cósmica*, (Editorial Clie, 2018).

[82] José Ortega y Gasset, *La rebelión de las masas*, (Ciudad de México: Editorial Época, 2019), 131.

quien es especialista solo conoce de un solo tema, este ve al universo desde un punto de vista único, que además no es capaz de responder preguntas como la cuestión de la creación (su mismo método no lo permite), y termina respondiendo de forma ignorante pero arrogante, poco argumentativa pero segura:

Este es, en efecto, el comportamiento del especialista. En política, en arte, en los usos sociales, en las otras ciencias tomará posiciones de primitivo, de ignorantísimo; pero las tomará con energía y suficiencia, sin admitir —y esto es lo paradójico— especialistas de esas cosas.[83]

El ejemplo más claro de esto es Richard Dawkins. El gran biólogo que ha escrito varios libros de forma peyorativa en contra de la religión, mismos que, incluso sus colegas que son ateos han criticado. En estos trata temas filosóficos y teológicos con un conocimiento bastante pobre —por no decir nulo— de ambas. Se han referido a su modo de criticar a la religión como «agresivo» y lo han acusado de no ver los límites de la ciencia. El crítico literario Terry Eagleton, al revisar el libro más vendido de Dawkins sobre la religión, *The God Delusion* o *El espejismo de Dios* mencionó: «Imagine a alguien hablando sobre biología cuyo único conocimiento sobre el tema es El libro de las aves británicas, y tendrá una idea aproximada de lo que se siente leer a Richard Dawkins sobre teología».[84] Además añade:

Los racionalistas como Dawkins... son, en cierto sentido, los menos equipados para entender lo que critican, ya que no creen que haya nada que entender, o al menos nada que valga la pena entender. Es por eso por lo que invariablemente vienen con caricaturas vulgares de la fe religiosa que harían

---

[83] José Ortega y Gasset, *La rebelión de las masas*, 134.
[84] Terry Eagleton, *Lunging, Flailing, Mispunching*, London Review of Books: https://www.lrb.co.uk/the-paper/v28/n20/terry-eagleton/lunging-flailing-mispunching

estremecer a un estudiante de teología de primer año. Cuanto más detestan la religión, peor informadas tienden a ser sus críticas.[85]

El mismo Popper llegó a llamar a la especialización un «pecado mortal» para el filósofo, aunque admitiendo que para un científico era más tentador.[86] El problema es cuando se ignora esto y se cree que ser un experto en un área determinada te hace una autoridad en todo lo demás.

Volviendo al tema del Big Bang, podemos encontrar a muchos Dawkins en quienes se basan en algún artículo de internet o incluso una película para afirmar que A o B teoría científica es incompatible con la Biblia o el cristianismo.

Es comprensible que se busque comprobar la información de la Biblia, de hecho es algo sano y necesario. Por ejemplo, al hablar de la resurreción de Jesus. La arqueología y el desarrollo de ciencias relacionadas a ella han avanzado en los últimos tiempos, lo que ha permitido sacar conclusiones positivas sobre los relatos de la vida de Jesús. Académicos de la Biblia han escrito una infinidad de libros y artículos defendiendo la veracidad de dichos textos apoyándose en descubrimientos bastante prometedores, así como textos defendiendo la resurreción de Jesús.[87] Llegamos a un punto en el que, incluyendo académicos ateos, prácticamente cualquier historiador sostiene que Jesús existió. A esto me refiero con apoyarnos en las ciencias para defender la Biblia. Pero, en el caso del origen del universo, es distinto por una sencilla razón: el relato de la creación de Génesis no es cronológico, y su propósito es teológico y no científico. En otras

---

[85] Terry Eagleton, *Lunging, Flailing, Mispunching*, London Review of Books.

[86] Karl Popper, *Conjeturas y refutaciones*, (Barcelona: Paidós, 1991), 175.

[87] Michael R. Licona, Gary R. Habermas, William Lane Craig, Richard Bauckham, etc. Solo por nombrar algunos.

palabras, regresando al tema de Jesús, evidentemente cualquier lectura del Nuevo Testamento o de solamente los evangelios nos llevará a la conclusión de que los discípulos de Jesús creyeron en su resurreción, y es por eso que, al ser su vida parte de la historia de la humanidad, podemos comprobarla con el apoyo de las ciencias. Pero en el caso del relato de la creación en Génesis, podemos observar que no fue escrito con propósitos meramente históricos ni científicos.

Pero no me malinterpreten. Si la única conclusión posible de derivar fuera que no podemos comparar Génesis con alguna teoría científica, este trabajo parecería no tener sentido. Esto no es así. El enorme número de diferencias que presenta el primer versículo de Génesis con otros relatos de la creación antiguos, a pesar de que no nos da derecho a decir que está hablando del Big Bang o cualquier otra cosa concordista, sí reflejan una infinidad de diferencias sustanciales entre estas cosmovisiones: las diferencias entre Dios y los dioses; entre un ser espiritual y humanoides o personificaciones de objetos incomprendidos; entre el que crea y sostiene todas las cosas y los que piden sacrificios para no hacer llover tal día o poner el sol por la mañana. Ningún otro relato de su presenta la armonía del Génesis al ser comparado con la cosmología moderna, y esta es su verdadera grandeza.

Si Génesis tuviera la intención de ser un mero relato histórico y científico, entonces sí se podría refutar desde la ciencia o la historia; pero de otra forma, si nos metemos con textos teológicos desde la ciencia, solo estaríamos haciendo un salto epistémico, que, evidentemente, nos llevará a cometer errores de interpretación.

Así que no, Génesis no tiene el propósito de enseñarle cosmología moderna a los antiguos hebreos, sino de recordarles quién y por qué motivo creó el universo. Repito. Quizá el ejemplo más claro de concordismo entre los cristianos es el que usa Génesis 1:1 como referencia al Big Bang. Aunque creemos que Dios creó el universo y que la Biblia es consistente con el dogma de *creatio ex nihilo*, hacer esto puede desviarnos del verdadero mensaje que tiene este versículo: ¡Dios existe y Él creó todo! Además recordemos que no se nos dice *cómo* lo hizo, sino *quién* y *por qué* lo hizo. Lo primero no era lo que necesitaban escuchar los hebreos. Y no digo que esté mal hacer esto siempre, solo advierto del peligro que hay en ello. Para los creyentes, es habitual aplicar situaciones que leemos de la Biblia en nuestra vida. Y esto es normal. Casi siempre se intenta aprender de lo que nos dice la Escritura. Ya sea en cuestiones morales, de sabiduría o simplemente cuando necesitamos saber qué hacer ante cualquier situación. Pero es particularmente un caso en el que, de manera incontrovertible, deberíamos evitar acudir a la Biblia —y creo que ha quedado más que claro—: al saciar nuestra curiosidad científica.

Si bien es cierto que, al menos para los judíos y cristianos, el Génesis y el Antiguo Testamento dicen verdades absolutas, estos no fueron escritos con el propósito de servir de libros de texto sobre ciencia. Creo que eso quedó claro a lo largo de este libro. Pero veamos algunos ejemplos.

En el libro de Job es donde, sin duda, encontramos más casos de éste tipo. En el capítulo 26 versículo 7 leemos «Él... Cuelga la tierra sobre nada». Se imaginarán para qué es usado éste texto. El problema de esto es que, al igual que los creyentes utilizan versículos parecidos para argumentar a favor de la veracidad de la Biblia, también existen ateos que hacen justamente lo opuesto; algunos de ellos seleccionan minuciosamente textos de cualquier libro de la Biblia en los que, fuera de contexto, pudiera parecer que se está diciendo algo anticientífico. Pero el problema es que no puedes separar de su contexto a un texto antiguo, originalmente escrito en otro idioma y que era dirigido para personas con una cosmovisión muy diferente a la moderna, y no esperar que llegues a una conclusión completamente errónea. Y esto pasa en los dos casos, tanto con ateos como con teístas.

¿Dos universos diferentes?

Repito, no niego que la Biblia llegue a decir algo que es verdadero científicamente hablando, solo expreso la nula importancia que tiene esto comparado con las verdades teológicas que hay en el libro. Debemos intentar interpretar correctamente las Escrituras y no forzar algún tipo de concordismo. Si hay algo parecido a ello, pero es natural al texto, perfecto. Evitemos atribuirle a la Biblia una tarea para la que no fue escrita, minimizando, a su vez, la importancia de su verdadero mensaje.

Recordemos que la cosmovisión cristiana hizo posible la revolución científica, y no solo porque la mayoría de los grandes científicos que participaron fueron cristianos, pero también porque el método científico fue posible gracias al cristianismo. La creencia en un Dios racional nos dice que su creación es racional. Es decir, podemos conocer el universo porque somos seres racionales, porque somos hechos a la imagen y semejanza de Dios. El cristiano no puede caer en el fideísmo, esto es, creer que solo desde la fe podemos llegar a la verdad; ni tampoco podemos caer en el racionalismo, esto es, creer que solo desde la razón podemos llegar a la verdad. Las verdades no se contradicen. George Lemaître no desarrolló su teoría pensando en hacer armonía con la fe cristiana, sino que fue su búsqueda imparcial de la verdad científica la que lo llevó a la conclusión que hoy nos deja la ciencia moderna. Si el universo tuvo un inicio hay dos formas de explicarlo: podemos decir cómo pasó y podemos decir quién lo hizo. John lennox lo pone a manera de alegoría al decir que, cuando pones a hervir agua, es verdad que puedes hacer una descripción física de lo que está pasando, como decir que el agua llegó a su punto de ebullición; pero eso no quita que puedas decir que tú lo hiciste o que tiene un propósito, por ejemplo, prepararte un té.[88] Ciertamente, un creyente del Génesis no debe

---

[88] John Lennox, *Can Science Explain Everything?*, (The Good Book Company, 2019).

temer a la cosmología, a menos que se tenga fobia al placer que genera conocer las verdades científicas del universo.

II. La principal controversia

Sí, han existido cristianos que intentaron conocer la verdadera edad de la tierra desde las Escrituras. A lo largo de esta reflexión hemos brindado algunos ejemplos. La cuestión no es esa. Regresando al punto anterior, estas personas, esto es, quienes usaron el Génesis a modo de libro de geología, se equivocaron. Pero este caso no es como el del origen del universo, ya que no solo erraron a la hora de malinterpretar el propósito del libro de los orígenes, sino que tuvieron un número bastante grande de errores al interpretar el mismo texto bíblico.

En el tercer capítulo argumentamos que los mismos contemporáneos al texto tenían motivos más que interesantes para referirse al número 7 en el momento de la creación. Y no es solo el hecho de que el número 7 les significara una terminación perfecta, o que la palabra *yom* se usara en dicho momento con un propósito distinto al de referirse a un día de 24 horas (como se hace a lo largo del Antiguo Testamento), no, no es solo eso. El hecho crucial a la hora de entender el mensaje que nos dejan los días de creación es que el universo es templo de Dios. Además de los paralelismos entre el tabernáculo y Moisés, Salomón y su templo, debemos, al menos, intentar ver el texto a través de los ojos de un antiguo hebreo. Repasamos también la simetría presente en los 6 días de creación. Para nuestros ojos parecería no tener sentido, puesto que nuestra cultura es sumamente diferente a la de ellos. Pero si no intentamos leerlo con una noción de la cosmovisión hebrea, podríamos llegar a conclusiones tales como que Dios creó al sol hasta el cuarto día de 24 horas, mientras que la luz ya estaba desde el primero.

Para mostrar una vez más mi punto, haré uso de un versículo de Génesis que es muy pocas veces estudiado. En Génesis 1, se dice:

11 Y dijo Dios: Produzca la tierra vegetación: hierbas que den semilla, *y* árboles frutales que den fruto sobre la tierra según su género, con su semilla en él. Y fue así. **12** Y produjo la tierra vegetación: hierbas que dan semilla según su género, y árboles que dan fruto con su semilla en él, según su género.

¿Qué es lo extraño? Que Dios dice "produzca la tierra". Es decir, no se nos especifica cuanto tiempo duró este acto de creación, pero es interesante que se diga "Y produjo la tierra".

Asimismo con los animales (**24** Entonces dijo Dios: Produzca la tierra seres vivientes según su género: ganados, reptiles y bestias de la tierra según su género. Y fue así.)

De igual manera, es interesante que ni los mismos Padres de la Iglesia interpretaron los pasajes sobre la creación de la misma manera en la que lo hacen los creacionistas de la tierra joven contemporáneos. Si bien los autores de los primeros siglos del cristianismo no llegaron a la misma conclusión de los cosmólogos modernos sobre la edad de la tierra, ellos tampoco interpretaron literalmente al Génesis. Ellos sabían que el término día podía significar distintas cosas, y no exclusivamente un día de 24 horas. Orígenes fue todavía más allá, de forma parecida a muchas personas de hoy en día, señalando los pasajes que, de ser ciertos al mismo tiempo, caerían en una contradicción.

En resumen, no debemos tomar a la Biblia y forzarle una función que no es la adecuada, como datar la edad de la tierra, pues la verdad que podemos contemplar en la Escritura es igual de apasionante que la verdad científica y no tenemos por qué meter a las dos en el mismo saco. Además, hemos visto que desde el inicio del cristianismo se tuvieron diferentes ideas sobre la edad de la tierra, aunque como meras especulaciones, pues los grandes pensadores cristianos sabían que la Biblia tenía un propósito más profundo e importante que datar a las cosas.

La tarea del pensador cristiano es contemplar la verdad, todo tipo de verdad. Apreciar cada área de conocimiento, y tener una perspectiva general de cada una de ellas.

III. Entonces, ¿evolucionamos?

Es incorrecto considerar a la creación y la evolución como mutuamente excluyentes. Yo soy creacionista y evolucionista.

—Theodosius Dobzhansky

Curiosamente, es más popular preguntarse si existe concordancia entre la ciencia y la Biblia desde los orígenes que desde cualquier otro aspecto. Tampoco se suele cuestionar la armonía entre la materia de la ciencia natural y otras ciencias. Por ejemplo, ¿cuándo hemos escuchado a alguien preguntarse si la ciencia es compatible con los derechos humanos? Al menos yo, muy pocas veces —y siempre fueron de filósofos—. La importancia de esto recae en que muchas veces se intenta menospreciar a la Biblia desde un punto de vista muy particular, mientras ignoramos grandes tesoros que hay en ella.

Apuesto a que todos han escuchado a un ateo decir que el Dios de la Biblia es violento o que hay crueldad dentro de las Escrituras. ¿Cuántas veces han hablado acerca de la importancia de la ley de Moisés? Quizá desconocen que, antes de ella, el mundo entero no reconocía la dignidad intrínseca en el ser humano. En la Biblia (Antiguo y Nuevo Testamento) todos somos hechos a imagen y

125

semejanza de Dios, es decir, tenemos el mismo propósito; Dios nos manda a no oprimir a nuestro prójimo, a repetar al ciego y al sordo e incluso a no dañar nuestro propio cuerpo; a alimentar al forastero, a cuidar del huérfano y de la viuda. También, con el nacimiento del cristianismo surgieron bastantes contrastes morales entre cristianos y, por ejemplo, los habitantes del imperio romano. Tirar a la calle a un recien nacido era común y matar a alguien a modo de circo se convertía en un espectáculo. En cambio, Jesús nos mandó a amar al prójimo como a nosotros mismos. Los derechos humanos son posibles gracias al cristianismo. Ninguna teoría científica puede reconocer esto, pero esto no quiere decir que exista una dicotomía entre ciencia y derechos humanos, o que no sea posible que exista una cosmovisión que cuente con las dos, sino que estas se complementan, pues las verdades no se contradicen. Para concluir esta idea, los invito a reflexionar sobre la relación entre la ciencia y el ser humano. Recordemos que para los nazis la ciencia les sirvió para matar a otras personas y en la segunda guerra mundial a Estados Unidos para hacer bombas nunca antes vistas; pero esto no hace que la ciencia sea mala. La ciencia no es buena ni mala, ni tampoco puede decir si algo está bien o mal. Eso nos toca a nosotros.

Una vez reconociendo que la ciencia no puede explicarlo todo, vayamos a ver qué tiene que decirnos en la materia que estudia.

En el tema de la teoría de la evolución es fundamental entender que estamos ante una teoría científica, es decir, una forma de explicar cómo han cambiado las especies; mas no qué propósito tienen —que es justamente lo que cubre la Biblia—. Al comparar a la teoría de la evolución lo debemos hacer con teorías fijistas. Si la evidencia apunta a que la teoría de la evolución es correcta, entonces lo es; pero no tendría ningún sentido decir que contradice a la Biblia. Veamos por qué.

Primero, y antes de partir a qué conclusiones sacamos acerca de las teorías sobre la vida y su evolución, dejemos algo claro. La supuesta insistencia por parte de la iglesia por negar la teoría de la evolución es un cuento, una leyenda. Es decir, contrario a lo que se cree y defiende popularmente, cuando la teoría de Darwin fue llenando sus huecos, y pasó a ser razonable, ¡los cristianos no tuvieron mayor problema! Podría tratarse de la ventaja de tener a un Dios racional que crea el universo en condiciones con tal perfección que, como en nuestro sistema solar, la vida es posible. ¿Acaso tenemos una idea de todos los requisitos que se cumplieran para que, a partir de la expansión, el universo siguiera y llegara a ser como lo conocemos hoy?

Ahora, si comparamos la noción del hombre de los hebreos con el hombre de la antropología biológica nos damos cuenta de que son más parecidos de lo que podríamos haber pensado. Los hebreos hablaban de la carne y de la sangre, esto es, de lo vivo. Casi siempre que se piensa en la antropología cristiana nuestra cabeza asocia esa idea a un dualismo cartesiano o a la idea platónica del alma, pero esto es un error. Si volvemos a las raíces, al pensamiento plasmado en la Ley y los Profetas, vemos a la especie humana como carne. Es tal la importancia de esta idea que, en el cristianismo, Dios se hizo carne. Dios se encarnó, sufrió como todos nosotros y nos enseñó la ética semita perfeccionada. Esa lección tan revolucionaria del Sermón del Monte.

Si nos vamos más allá, la antropología bíblica soluciona muchos problemas en los debates de filosofía de la mente que se dan dentro de la filosofía de la religión. El alma, el libre albedrío, el fisicalismo contra el espíritu y el alma, etc.

Concluyendo el tema de la evolución biológica, recordemos que Darwin no fue el primero en hablar de un ancestro común. Su mecanismo conocido como selección natural, sin embargo, fue algo diferente. Darwin, de hecho, se podría decir que fue un aliado del cristianismo, aunque no intencionalmente. Seth Hart, estudiante de doctorado en ciencia y teología por la universidad de Durham, sostiene que la evolución darwineana ayudó a argumentar en contra de los deístas, ya que estas posturas en el área de las ciencias biológicas eran insostenibles con una cosmovisión deísta, y más bien requerían de la providencia divina teísta.[89] Desde esos tiempos, incluso, había pensadores cristianos como Frederick Temple, obispo de Exeter, que instaban a los creyentes a no intentar tomar conclusiones científicas desde Génesis.[90]

Sin pretender convencer a todos de que esta teoría es verdad, sí los motivo a ver la belleza en ella. Si hay algo bello en el mundo es apreciar los detalles del universo. Ver cómo las distancias entre planetas y nuestro sol permitieron el desarrollo de la vida. Ver cómo las cantidades en las constantes del universo parecen ser exactas. Ver como, si esto no hubiera pasado, con este nivel de precisión, la vida no hubiera sido posible. A veces damos por sentadas las galaxias, y dentro de estas a la estrellas, y rotando en torno a ellas a los planetas. Pero incluso esto era sumamente improbable en el inicio. El mismo surgimiento de otros elementos es algo sorprendente. Por poner un ejemplo para seguir con el tema, si la constante de la gravedad variara en 1 en 10^{60} partes, nadie de nosotros existiría.[91]

Criticar a la Biblia por no hablarnos de la teoría de la evolución es como criticar a la ciencia por no decirnos qué proposito tiene el hombre, qué humanos son valiosos y qué otros no, o qué es bueno y qué es malo.

---

[89] Seth Hart, *Christianity's War on Darwinism, or the War that Never Happened*: https://capturingchristianity.com/christianitys-war-on-darwinism/
[90] *Ídem.*
[91] William Lane Craig, *Teleological Argument*, Reasonable Faith: https://www.reasonablefaith.org/podcasts/defenders-podcast-series-1/s1-teleological-argument/teleological-argument-part-1.

Analizando el «dilema»

El mundo moral

Ateos como Christopher Hitchens o Sam Harris, han tenido bastantes problemas al debatir con cristianos sobre moralidad. Ambos cuestionan las acciones de Dios en el Antiguo Testamento, pero, al ser preguntados sobre su estándar para su moralidad, no tienen respuesta clara. Y es evidente. ¿Cómo puedes atacar la moral judeocristiana si tú mismo argumentas que no hay un estándar objetivo de moralidad?

La ventaja de la razón

El teísmo da claras ventajas con respecto al ateísmo o naturalismo al creer en la teoría de la evolución. Si yo, siendo teísta, creo en la teoría de la evolución, tengo razones para creer que existe una moralidad objetiva, porque el estándar es Dios; que los seres humanos somos dignos intrínsecamente, por ser creados a la imagen y semejanza de Dios; que somos seres racionales, porque no somos producto únicamente de la selección natural.

Recordando el argumento de Plantinga, realmente no tiene sentido creer en la teoría de la evolución y creer que somos seres racionales siendo naturalistas. Solo un teísta goza de tal privilegio, pues atribuimos nuestra racionalidad y capacidad de llegar al conocimiento a algo inmutable e inteligente. Somos a imagen y semejanza de Dios. Santo Tomás lo expresó así:

A Dios se asemejan las cosas, en primer lugar, y de un modo muy común, en cuanto que existen; en segundo lugar, en cuanto que viven; finalmente, en cuanto que saben o entienden. Estas, en expresión de Agustín en el libro *Octoginta trium quaest., están tan cerca de Dios por la semejanza, que entre las criaturas no hay ninguna más próxima.* Es evidente que sólo las criaturas intelectuales son, propiamente hablando, a imagen de Dios.[92]

El teísmo cree que, si el hombre ve en una poesía, en la literatura, en el deporte, la ciencia, y en la ingeniería, algo bello y trascendente, no es casualidad.

¿Dos universos diferentes?

Los temas científicos y religiosos han sido siempre importantes para el hombre. La razón y la fe son dos caminos distintos, pero que convergen en uno solo en algún punto. Alguna vez dijo Juan Pablo II «La fe y la razón son como las dos alas con las cuales el espíritu humano se eleva hacia la contemplación de la verdad».[93]Y no intento persuadir a nadie a ser religioso o cientificista, sino a encontrar el valor en cada una de las dos y a hacerse preguntas. A conservar ese espíritu de filósofo o bien, de niño. Es decir, a desarrollar un pensamiento crítico; aprender a pensar por sí mismo. A no aceptar solo lo que nos dicen los demás y a buscar la verdad.

---

[92] Santo Tomás de Aquino, *Summa Theologica*, I, q. 93, a.2.
[93] Juan Pablo II, *Fides et ratio*, 1998.

Apéndice A

¿Qué es un «mito»?

En 2021, William Lane Craig publicó un libro sobre el Adán histórico. Durante su obra que se podría traducir al castellano como «En busca del Adán histórico: una exploración bíblica y científica», el filósofo y teólogo clasificó al libro de Génesis en el género llamado «mito-historia». La cuestión es que, como ya podrán imaginarse, que lo haya clasificado en un género que involucra la palabra mito provocó bastante polémica en la comunidad evangélica estadounidense. Personas como Ken Ham, creacionista de la tierra joven que ya he mencionado en una infinidad de veces, atacaron al apologista por medio de mensajes en redes sociales y publicaciones en sus sitios de internet. El problema es que todos y cada uno de estos ataques al gran defensor del cristianismo se deben a una sencilla malinterpretación, o peor aún, a que no leyeron su libro.

Primero, antes de pasar a lo que menciona el Dr. Craig, vayamos a la definición académica de mito, reconociendo que el uso coloquial de esta no es precisamente parecido al uso que le dan los expertos en textos antiguos. Mircea Eliade fue un filósofo e historiador especializado en las religiones. En su libro «Mito y realidad», él dice lo siguiente:

El mito es el relato de la historia de unos hechos acontecidos en un tiempo primordial (el tiempo mítico de los comienzos) y protagonizado por unos seres sobrenaturales, que constituye una explicación de los aspectos más importantes de la vida humana.[94]

---

[94] Mircea Eliade, *Mito y realidad*, (Editorial Kairós, 2010).

Mythos (μῦθος en griego), significa relato. Puede haber mitos verdaderos y mitos falsos. No se trata sino de historias arquetípicas. El hebraísta Michael Heiser da un ejemplo preciso: las biografías. Nadie podría contar la historia de sus vidas sin contenido mitológico.[95] Eso no significa que estemos mintiendo al contar nuestras historias, simplemente significa que contamos nuestras experiencias a forma de relato mítico.

Ahora, el mismo apologista, William Lane Craig, ha sostenido en todo momento que cree en un Adán histórico (el mismo título de su libro lo dice implícitamente), además de que cree en sucesos sobrenaturales como la resurreción de Jesús. Es cristiano. Con mitohistoria, hace referencia a que Génesis 1-11 puede tranquilamente contener metáforas, o simplementea que puede tratarse de una verdad histórica con detalles no históricos. Y esto todo cristiano lo cree. Como dije en los capítulos anteriores, todos creemos en que, cuando Dios dice en Génesis 2 «[24] Por tanto el hombre dejará a su padre y a su madre y se unirá a su mujer, y serán una sola carne», no está diciendo que será una fusión y que pasarán a ser una sola carne literalmente, sino que hace referencia a la unión sexual. Por otra parte, el Dr. Craig menciona que en el relato de Génesis se coloca a Dios como un humanoide que camina sobre la tierra, quita una costilla a Adán, etc., cuando sabemos que Dios no es así. Dios es Espíritu. También se mencionan dos relatos de la creación donde no hay cronología presente. La teología presente en Génesis hace que no se trate solamente de Historia.

Por último, también podríamos hablar de las edades de los patriarcas que fueron mencionadas en el capítulo 3 y 4, para entender que, aunque Génesis contiene historia, no es puramente eso. Que algo

---

[95] Michael Heiser, *Mythic Stories Are How History Has Been Conveyed Throughout the Centuries*, *Youtube*: https://www.youtube.com/watch?v=6RxVdqySfo4

¿Qué es un «mito»?

se llame mito no significa que sea falso. Un mito es un relato que representa las creencias cosmogónicas, antropológicas y escatológicas de un pueblo. Que sean falsas o verdaderas no está presente en su género, sino en la evidencia. Claro, además de que el Dr. Craig defiende la evidencia de la parte histórica del libro en su obra. En resumen, mito-historia no es igual a mito; y un mito no es necesariamentre falso.

Apéndice B

Inerrancia, Infalibilidad e Inspiración

Si alguien dice creer lo que proclama la Escritura, es probable que lo haga mencionando algunas de estas doctrinas. Se vuelven clave a la hora de identificar a un verdadero creyente. Pero, lamentablemente, estas han sido usadas para promover doctrinas, creencias y dogmas que no son bíblicos, debido a no comprenderlas correctamente.

La primera, la Inerrancia de la Biblia, afirma que esta, por tener a Dios como autor, no puede estar sujeta a errores. Y, si bien, este silogismo es válido lógicamente, la conclusión puede llegar a confundir a las personas e incluso provocar errores teológicos por una simple razón: todas nuestras traducciones de la Biblia son hechas por hombres. Así es, parece sorprendente escucharlo pero la Biblia originalmente fue escrita en dos idiomas que solo un pequeño porcentaje de sus lectores conoce, y la cantidad disminuye aún más si hablamos de quienes lo dominan. El teólogo protestante Wayne Grudem, por ejemplo, asegura que la inerrancia significa que «las Escrituras en sus manuscritos originales no afirman nada que sea contrario a los hechos».[96]Esa definición sería más exacta, pero no matizar podría aumentar la confusión, especialmente en las controversias relacionadas a los orígenes. Debido a eso, el mismo Grudem explica que «La Biblia puede hablar de la salida y puesta del sol porque, desde la perspectiva del hablante, esto es exactamente lo

---

[96] Wayne Grudem, *Systematic Theology: An Introduction to Biblical Doctrine*, (Zondervan Academic, 1994), 91.

que sucede».[97]Además de que «tales explicaciones [científicas] son irremediablemente pedantes y harían imposible la comunicación ordinaria».[98] Es decir, pueden existir metáforas, alegorías o formas ordinarias de explicar algo en la Biblia y aún hablar de esta como un texto inerrante. Pero cito precisamente a un teólogo como Grudem ya que él mismo rechaza ciertas creencias científicas aquí mencionadas argumentando que contradicen a la Escritura.

La doctrina de la infalibilidad está muy conectada, de hecho, las tres lo están. Esta alude a que Dios, el autor, es infalible y el hombre falible, por lo que debemos creer lo que dice la Biblia. Lo incorrecto en esto es que las interpretaciones del texto también son hechas por hombres, y muchas veces por hombres que no conocen el contexto en el que fue escrito.

Por último, la más fundamental: la inspiración. Seguramente todos alguna vez hemos escuchado algo como «la Biblia es palabra de Dios». De hecho es de aquí donde se derivan las otras dos. Si su autor es Dios, por tanto, es infalible. Si es infalible, no tiene errores, por lo que es inerrante. En concreto se dice que el texto está inspirado por el Espíritu Santo, desde la ley y los profetas hasta los escritos de los Apóstoles. El problema surge cuando los fundamentalistas usan esto para promover el antiintelectualismo cristiano. Es decir, rechazar el conocer el texto de una forma académica, en su idioma original y sin «satanizar» teorías científicas que no contradicen a la Escritura.

No debemos caer en el escepticismo, pero tampoco en la ingenuidad al pretender que todos llegaremos a la misma conclusión con un sistema de interpretación de la Escritura que se olvida del contexto histórico y de la lengua original. El Espíritu Santo no se reduce a un comentario bíblico, y si así fuera, parecería que todos tenemos una edición distinta.

---

[97] Grudem, *Systematic Theology*, (1994), 91.
[98] *Ídem.*

Apéndice C

El creacionismo de la Tierra joven y la autoridad bíblica

Seguramente ya saben a lo que voy. Si de verdad creemos en la autoridad de la Biblia, entonces enseñemos lo que realmente dice. Hoy en día, el número de creacionistas de tierra joven es muy grande. En gran parte, gracias a distintos personajes de ese mundo y al arduo trabajo que han hecho. Pero, como he repetido a lo largo del libro, esto no siempre fue así.

Si incluso algunos Padres de la Iglesia tenían una postura más «liberal» que estas personas, el asunto en cuestión no es la tradición. Si la Biblia, como lo pretendí explicar en toda esta obra, realmente no enseña una tierra joven, o una creación instantánea de toda especie, entonces no es un problema de interpretación de la Escritura.

Los creacionistas de la tierra joven dicen basarse 100 % en la Biblia. No es niguna coincidencia que la mayoría de las personas que suscriben a este pensamiento son simpatizantes de la reforma, esto es, protestantes. Con esto no quiero decir que no existan católicos romanos u ortodoxos orientales, etc., que defiendan estas posturas, simplemente intento remarcar la importancia que tuvo la reforma para el surgimiento de estas creencias.

Veamos. La doctrina de la Sola Scriptura, una de las 5 solas de la reforma protestante, brevemente significa que la Biblia es la máxima autoridad para enseñar en la iglesia. Sin meternos en temas de doctrina cristiana y manteniéndonos en el propósito de este libro, simplemente vayamos a las conclusiones que estas personas derivan de la Sola Scriptura, y a los errores que cometen.

Imaginemos que todos estamos de acuerdo en que esta doctrina es verdad. Aun así, esto no tendría por qué significar que nuestra ciencia tiene que venir de la Biblia, porque precisamente la Biblia es un libro de teología, no de ciencia. Si la doctrina de la Sola Scriptura fuera cierta, eso no significaría que Dios no se ha revelado en la naturaleza. No podemos limitar la revelación de Dios en la Escritura. Si estamos de acuerdo con la Sola Scriptura decimos que Dios se ha revelado teológicamente únicamente por medio de la Biblia. Pero esto no excluye su evidente revelación en la naturaleza.

Los cristianos creemos en un Dios racional creador de lo visible y lo invisible, por ende, debemos esperar ver regularidades en la naturaleza, lógica, valores y deberes morales y belleza. Sin criticar al ateísmo, pareciera que los creacionistas de la tierra joven se comportan como ateos al negar estas cosas.

Después de explicar todo eso, todavía queda añadir que la Biblia misma no enseña una tierra joven. Con esto no quiero decir que la Escritura nos habla del Big Bang, ni de miles de millones de años. No. Pero lo que sí hace explícitamente y variadas veces es negar el creacionismo de la tierra joven.

Insisto. Si creemos en la revelación especial de Dios por medio de las Sagradas Escrituras, entonces interpretémosla imparcial y objetivamente. Respetemos la autoridad de la Escritura. No pongamos nuestras opiniones por delante de ella, sino todo lo contrario.

Recordemos que toda verdad es verdad de Dios. Con esto no pretendo ser ingenuo y aceptar todo lo que diga cualquier científico. Esto simplemente significa interpretar la Biblia en su contexto histórico y conocer el concenso científico. La ciencia no tiene que moldear nuestra teología, porque son campos de conocimento distintos. Pero también debemos evitar que nuestra teología moldeé nuestra ciencia. Hagamos ciencia y hagamos teología individualmente. Las verdades siempre son compatibles, por lo que, si hacemos esto, seguramente terminaremos con un sistema filosófico coherente consistente en sí mismo.

Apéndice D

El problema con el fundamentalismo

Si bien no es más que sentido común pensar que cualquiera es libre de creer en lo que quiere creer, es verdad que a veces los niños, por ejemplo, son culpables del fundamentalismo de los padres, por el que pagan al ser privados de distintas y ricas áreas del conocimiento humano.

Aunque lo más prudente y lógico sería permitirles a los padres educar a sus hijos tal y como ellos quieran (claro, mientras no existan abusos de por medio), me voy a permitir reprocharles a los pensadores fundamentalistas, tanto padres como los que no lo son, el promover única y sesgadamente estos comportamientos.

Me explico. Hoy en día, desafortundamente, la religión no es muy bien vista. El problema con esto es que muchas personas disfrutan de «educar» a otras partiendo de presuposiciones como «la religión es mala», «no puedes ser religioso e inteligente» o, peor aún, intentan convencer a otras personas a base de sofismas de que «la ciencia y la fe no son compatibles». Y ojo. Con esto no quiere decir que una persona, haciendo uso de su libertad, puede pensar todo esto acerca de la religión. Nada de eso. Lo que se intenta defender aquí es que, precisamente, debemos promover el pensamiento crítico e invitar e introducir a las personas, desde niños, al pensamiento racional. Nada de eso es posible con la parcialidad.

Mientras los padres o cualquier educador, insisto, ya sostienen ciertas creencias al momento de educar o enseñar cualquier cosa a otros, es imposible que no les hagan sostener creencias que, por alguna razón, no puedan justificarlas racionalmente. No todos son unos filósofos. Lo que se insta por este recurso es poner en duda toda creencia y a no apagar la mente de un alumno que siempre está abierta al cuestionamiento y a la curiosidad.

Por otra parte, es evidente que algunas personas cometen este error al privar de ricos y sorprendentes descubrimientos científicos a los demás, ya sea porque ellos mismos no los comparten o simplemente porque los desconocen y los ven con malos ojos. No importa cuál sea el motivo.

Resumiendo, se invita a enseñar y promover la verdad, sin importar el área del conocimiento de la que se parta. Ya sea en ciencia, como al compartir a otras personas que somos seres humanos desde la fecundación, al enseñar las bases y cómo funciona la teoría de la evolución o a cualquier verdad científica. Por otro lado, no podemos evitar divulgar la riqueza de la tradición judeocristiana, haciendo ver a los niños que la religión es algo «malo» y que no es necesario en el siglo XXI; sino más bien hacerles ver la importancia que tuvo el cristianismo para el desarrollo de la ciencia, de los derechos humanos y de las tradiciones que hoy compartimos y la importancia que tiene para que se sostengan. Evidentemente, no se obliga a nadie a ser religioso o a aceptar cualquier teoría científica. Pero sí se invita a probar, cuando menos un poco, de las placenteras verdades, de esos hechos que al descubrirlos y comprenderlos nuestra vida se llena de sentido.

Bibliografía

Alter, Robert. *The Hebrew Bible: A Translation*. W. W. Norton & Company, 2019.

Al-Ghazali. *The Incoherence of the Philosophers: A Parallel English-Arabic Text*. Translated by Michael E. Marmura. 2nd Edition, Brigham Young University Press, 2022.

Aristóteles. *Metafísica*. Traducción de Tomás Calvo Martínez. Barcelona: Gredos, 2014.

____. *Física*. Traducción de Guillermo R. de Echandía. Barcelona: Gredos, 1995.

Ayala, Francisco J. *Darwin y el diseño inteligente: Creacionismo, cristianismo y evolución*. Alianza Editorial, 2006.

Behe, Michael J. *Darwin's Black Box: The Biochemical Challenge to Evolution*. Free Press, 2001.

Burkhardt, Richard W. Lamarck, Evolution, and the Inheritance of Acquired Characters. *The Genetics Society of America* 194, 4 (2013), 793-805.

Casanueva, Gloria., Soto, Hernán. *La epopeya de Gilgamesh*. LOM Ediciones, 2007.

Castillo, Carlos (Ed). *Historia de Yucatán*. Mérida: Editorial Dante, 2015.

Clemente de Alejandría. *Stromata*. Edición por Marcelo Merino Rodríguez. Editorial Ciudad Nueva, 1996.

Coyne, Jerry. *Why evolution is true*. Oxford University Press, 2010.

Craig, William L. *In Quest of the Historical Adam: A Biblical and Scientific Exploration*. William B. Eerdmans Publishing Company, 2021.

Crawford, Harriet. *Sumer and the Sumerians*. Cambridge University Press, 2004.

Dalley, Stephanie. *Myths from Mesopotamia: Creation, The Flood, Gilgamesh, and Others*. Oxford University Press, 2009.

Dawkins, Richard. *The Selfish Gene*. 40th anniversary edition, Oxford University Press, 2016.

Darwin, Charles. *On the Origin of Species*. Oxford University Press, 2009.

Eggers Lan, C., Juliá, Victoria E (Ed.). *Los filósofos presocráticos I*. Editorial Gredos, 1978.

Dussel, Enrique. *El humanismo helénico - El humanismo semita*. Buenos aires: Docencia, 2012.

Dobzhansky, Theodor., Ayala, Francisco J., Stebbins, G. L., Valentine, J. W. *Evolution*. W. H. Freeman and Coampany, 1977.

Elizalde, Emilio. *The True Story of Modern Cosmology*. Springer, 2021.

Fernández, Victor Manuel. El dinamismo del Espíritu Santo en el lenguaje y en la vida de la Iglesia, en Sociedad Argentina de Teología, *El misterio de la Trinidad en la preparación del Gran Jubileo*, Buenos Aires: San Pablo, 1998.

González de Posada, Francisco. *Teología de la creación del universo: Y la relación de Dios con su obra cósmica*. Editorial Clie, 2018.

Grudem, Wayne. *Systematic Theology: An Introduction to Biblical Doctrine*. Zondervan Academic, 1994.

Hannam, James. *God's Philosophers: How the Medieval World Laid the Foundations of Modern Science*. Icon Books, 2010.

Holder, Rodney, Mitton, Simon. *Georges Lemaître: Life, Science and Legacy*. Springer, 2012.

Horowitz, Wayne. *Mesopotamian Cosmic Geography*. Winona Lake: Eisenbrauns, 1998.

Janiak, Andrew. *Newton as philosopher*. Cambridge University Press, 2008.

Juan Pablo II. *Fides et ratio*. Librería Editora Vaticana, 1998.

Justino Mártir. *Obras escogidas de Justino Mártir: Apologías y su diálogo con el judío Trifón*. Edición de Alfonso Ropero. Editorial Clie, 2018.

Kramer, Samuel N. *The Sumerians: Their History, Culture, and Character*. Chicago: University of Chicago Press, 1971.

Lennox, John. *El principio según el Génesis y la ciencia: Siete días que dividieron el mundo*. Editorial Clie, 2018.

———. *Can Science Explain Everything?* The Good Book Company, 2019.

Lewis, C. S. *Mero cristianismo*. Traducido por Verónica Fernández Muro. HarperOne, 2006.

Mathews, Kenneth A. *Genesis 1-11:26 - An Exegetical and Theological Exposition of Holy Scripture (The New American Commentary)*. B&H Publishing Group, 1996.

Meyer, Stephen C. *Darwin's doubt: The Explosive Origin of Animal Life and the Case for Intelligent Design*. HarperOne, 2013.

_____. *Signature in the cell: DNA and the Evidence for Intelligent Design*. HarperOne, 2010.

Mircea Eliade, *Mito y realidad*. Traducción de Luis Gil. Editorial Kairós, 2010.

Moritz, Joshua. Natures, Human Nature, Genes and Souls. *Dialog: A Journal of Theology* 46, 3 (2007), 263-280.

Numbers, Ronald L. *Galileo Goes to Jail and Other Myths about Science and Religion.* Harvard University Press, 2010.

Orígenes. *Sobre los principios.* Edición de Samuel Fernández Eyzaguirre. Editorial Ciudad Nueva, 2015.

Olson, Craig. *A Proposal for a Symbolic Interpretation of Patriarchal Lifespan.* PhD diss., Dallas Theological Seminary, 2017.

Ortega y Gasset, J. *La rebelión de las masas.* Ciudad de México: Editorial Época, 2019.

Plantinga, Alvin. *Warrant and Proper Function,* New York: Oxford University Press, 1993.

Platón. *Diálogos III: Fedón, Banquete, Fedro.* Traducción por C. García Gual., M. Martínez Hernández., E. Lledó Íñigo. Editorial Gredos, 2008.

Popper, Karl. *Conjeturas y refutaciones.* Traducción por Néstor Miguez. Barcelona: Paidós, 1991.

Pratchett, Terry. *Lores y damas.* Traducción por Albert Solé. Barcelona: Debolsillo, 2004

Price, George M. *Illogical Geology: The Weakest Point in the Evolution Theory.* The Modern Heretic Company, 1906.

_____. *Q. E. D., or New Light on the Doctrine of* Creation. Fleming H. Revell Company, 1917.

Leticia Calzada (Ed.). *RVR 1960 Biblia de Estudio Holman.* Nashville, Tennessee: Holman Bible Publishers, 2014.

Ruse, Michael. *Can A Darwinian Be A Christian?* Cambridge University Press, 2000.

San Agustín. *Obras completas de San Agustín XVb: Escritos bíblicos.* Traducción de Pío de Luis Vizcaíno. Biblioteca de Autores Cristianos, 2022.

San Ireneo de Lyon. *Contra los herejes.* Edición de J.J. Ayán., Manuel Aroztegi., Patricio de Navascués., Andrés Sáez. Editorial Ciudad Nueva, 2022.

Santo Tomás de Aquino. *Suma de Teología I: Parte I.* Traducción de José Martorel. Biblioteca de Autores Cristianos, 2001.

Soler, Francisco J., Alfonseca Manuel. *60 preguntas sobre ciencia y fe: Respondidas por 26 profesores de Universidad.* Madrid: Stella Maris, 2014.

Stachel, John (Ed.). *Einstein's Miraculous Year.* Princeton University Press, 2005.

Stanhope, Ben. (*Mis*)*interpreting Genesis: How the Creation Museum Misunderstands the Ancient Near Eastern Context of the Bible.* Louisville, KY: Scarab Press, 2020.

Taylor, Alexander H., Hunt, Gavin R., Holzhaider Jennifer C., Gray Rusell D. Spontaneus metatool Use by New Caledonian crows. *Current Biology* 17, 17 (2007), 1504-7.

———. Medina, F.S. Do new caledonian crows solve physical problems through causal reasoning? *Proceedings of the Royal Society* 22, 276 (2009), 247-54.

Teilhard de Chardin. *El fenómeno humano.* Taurus Ediciones, 1971.

Ussher, James. *The Annals of the World.* Ed. Larry Pierce., Marion Pierce. Master Books, 2003.

Van De Mieroop, Marc. *Cuneiform Texts and the Writing of History.* Routledge, 1999.

Van Woundenberg, R. Las presuposiciones de la ciencia (del movimiento humano), *Pensar En Movimiento: Revista de Ciencias del Ejercicio y la Salud* 15,1 (2017), 17-33.

Vernant, Jean. *Mito y religión en la Grecia antigua.* Barcelona: Ariel, 2001.

Walton, John. *The lost world of Genesis One.* InterVarsity Press, 2010.

Whitehead, Alfred N. *La ciencia y el mundo moderno.* Losada, 1949.

Para los interesados en profundizar, se recomienda visitar los siguientes sitios:

BioLogos: https://biologos.org/

Ciencia, Razón y Fe, UNAV: https://www.unav.edu/web/ciencia-razon-y-fe

Thomistic Institute: aquinas101.thomisticinstitute.org/science-and-faith

Made in the USA
Columbia, SC
06 April 2024

33723054R00085